德州七惡越獄、林白小鷹綁架案、辛普森殺妻……

FBI

JUST FOR JUSTICE

拒絕遲來的正義
FBI
與罪犯
的智商較量

午大鵬
京師心智 編著

忠誠（Fidelity）	勇敢（Bravery）	正直（Integrity）
永遠忠誠於法律與國家 為案件傾注全力	勇於面對最棘手的罪犯 在危險中無懼前行	在調查中維持最高道德標準 捍衛正義與真相

當凶嫌開展跨州犯罪，州警的調查權會受到很大限制；
攸關國家安危的重大犯罪，讓 FBI 來落實公平正義！

目錄

前言 …………………………………………………… 007

第一章
「頭號公敵」──銀行大劫案 …………………… 009

第二章
美國最著名的綁架案──林白小鷹綁架案 ……… 017

第三章
缺頁疑案──黑色大理花慘案 …………………… 029

第四章
慾望殺人魔──被慾望控制的魔鬼 ……………… 037

第五章
惡魔之子──「黃道十二宮」殺手 ……………… 051

第六章
「最危險的殺手」──邪教組織連環凶殺案 …… 063

第七章
偽裝者──「新派」連環殺手 …………………… 073

第八章
沉默的羔羊──「密爾瓦基食屍鬼」……………… 089

目錄

第九章
蛇蠍美人 ── 「黑寡婦」迷案 ………………………… 099

第十章
世紀審判 ── 辛普森殺妻案 …………………………… 111

第十一章
被侮辱與被損害的 ── 芝加哥連環姦殺案 …………… 121

第十二章
心理扭曲的凶手 ── 神祕消失的男孩 ………………… 133

第十三章
亡命天涯 ── 綁架越獄覆滅記 ………………………… 145

第十四章
喪盡天良的歹徒 ── 連環失蹤殺人案 ………………… 155

第十五章
色膽包天 ── 性幻想殺手 ……………………………… 167

第十六章
生死營救 ── 邁阿密驚天綁架團 ……………………… 177

第十七章
亡命逃亡 ── 連環槍殺案 ……………………………… 187

第十八章
綁架疑雲 ── 情節詭異的銀行搶劫案 ………………… 197

第十九章
插翅難逃 ── 「德克薩斯州之七」越獄搶劫殺人 …… 209

第二十章
遲來的正義 —— 追凶 20 年 ………………………………… 221

第二十一章
惡魔的陷阱 ——「賊喊捉賊」的兒童綁架謀殺案 ……… 235

目錄

前言

在美國，有一個隸屬於司法部的組織被人們熟知，這個組織就是美國聯邦調查局。該機構的英文縮寫是「FBI」，這個縮寫也代表了該局所堅持貫徹的信念——忠誠（Fidelity）、勇敢（Bravery）和正直（Integrity）。對於美國社會各界來說，FBI 就代表著美國聯邦警察，它負責調查觸犯美國聯邦法的犯罪、調查他國的情報組織以及恐怖活動，並對美國各州以及國際上的相關機構提供必要的幫助。在美國憲法中，FBI 在反暴行、反間諜、反恐、高級知識分子犯罪以及毒品或有組織犯罪等方面享有最高優先權。

如今，FBI 已經發展為擁有 20,000 多名工作人員的大型司法機構，它的總部坐落於華盛頓特區的約翰·埃德加·胡佛大樓（J. Edgar Hoover Building）。這座外形酷似大型堡壘的建築於 1974 年投入使用。不過，在最初的時候，美國聯邦調查局只是一個小型偵探機構。在 19 世紀初，美國的政府機構還是以僱傭私家偵探的形式來處理案件，一直到 1908 年美國西部猖獗的「非法出售土地行為」激怒了當時的美國總統老羅斯福，在他的授權下，美國司法部成立了一個小型偵探機構，專門用來處理非法出售土地的罪行，這個機構就是 FBI 的前身。直到 1909 年 5 月，該機構才正式擁有了「調查局」的名稱，在 1935 年 7 月 1 日最終更名為「美國聯邦調查局」。1924 年 5 月 10 日，約翰·埃德加·胡佛成為聯邦調查局的局長，他在二戰和美國民權運動期間領導 FBI 將近 50 年。

聯邦調查局正式設立之初的主要任務是調查違反聯邦法的犯罪行為（如盜竊、搶劫、違法使用土地等），在一戰和二戰的時候，FBI 將工作

前言

重心轉移到調查外國間諜和打擊恐怖活動等方面，隨後 FBI 也進行了飽受指責的對「持不同政見者」的調查行動（如驅逐卓別林，調查愛因斯坦、馬丁·路德·金恩等）。2001 年是 FBI 歷史上的重大轉捩點，該年 9 月 11 日發生的 911 恐怖襲擊事件，將 FBI 的目光轉移向恐怖主義，FBI 出動了將近 1/4 的特務和專業人員，對恐怖組織展開了猛烈打擊。

儘管 FBI 在美國的歷史上有著一些引起公眾不滿的「爭議行動」，但這些行動並不能抹殺 FBI 的功績。FBI 不但是打擊三 K 黨（美國的種族主義組織）的主要力量，還在 1930 年代逮捕了一批臭名昭彰的綁架、搶劫、殺人犯，並在二戰期間抓獲了多名在美國執行破壞任務的納粹間諜，它還打擊了美國國內的犯罪集團（如吉安卡納家族和高蒂家族）。由此可見，FBI 是具有強大執法能力的組織，它在美國人心目中是法律和正義的象徵。

聯邦調查局從成立至今的 100 多年歷史中，曾協助、接手、破獲過多起臭名昭著的惡性案件。這些案件是 FBI 歷史中不可缺少的重要組成部分，這些案件的破獲不僅塑造了 FBI 正義和無所不能的「超級警察」形象，同時保衛了美國社會的安寧和美國人民的利益。本書就是從這些 FBI 所經手的大案、要案入手，深入講解 FBI 的辦案手法，希望對讀者朋友們有所裨益。

第一章 「頭號公敵」
—— 銀行大劫案

　　儘管約翰的這些行為還不足以上升到觸犯美國聯邦法律的地步，但聯邦調查局依然被請來參與調查此案。這次調查行動也是聯邦調查局首次在職權範圍之外偵辦案件，他們使用了當時最先進的指紋辨識技術，迅速確認了犯案嫌疑人的身分並在全國懸賞通緝。

第一章 「頭號公敵」—銀行大劫案

1930、1940年代，美國正處於經濟大蕭條時期，這個時期也是犯罪行為的高發期。美國歷史上著名的鴛鴦大盜（邦妮、克萊德）和「媽媽」巴克（巴克帶領自己的兒子進行搶劫）就是該時期有名的匪徒「明星」。不過，儘管鴛鴦大盜和「媽媽」巴克名噪一時，備受媒體關注，但他們的知名度卻遠遠不及另一個十分危險的罪犯 —— 約翰·赫伯特·迪林傑（John Herbert Dillinger）。

約翰是活躍於美國中西部地區最著名的銀行搶劫犯，他曾經策劃過多次搶劫行動，其中就包括24家銀行和4家警察局，還有過兩次成功越獄的紀錄，他還被法庭指控與數名警察的死亡有關。值得一提的是，1930、1940年代，美國猖獗的犯罪行動也進一步推動了聯邦調查局的發展與完善。

有人說，匪徒和明星類似，是可以一夜成名的，約翰就是這樣一名匪徒。約翰·赫伯特·迪林傑，1903年6月22日在美國印第安那州首府印弟安納波利斯的橡樹山出生，他的父親叫約翰·威爾森·迪林傑（John Wilson Dillinger），母親叫瑪麗·艾倫·蘭卡斯特（Mary Ellen "Mollie" Lancaster）。迪林傑夫婦共生育了兩個孩子，約翰是第二個，他還有一個姐姐。約翰的父親是一家雜貨舖的老闆，他為人古板苛刻，對自己和孩子都有著十分嚴格的要求，在教育子女方面，他奉行「棍棒底下出孝子」的準則。

約翰的姐姐奧黛麗（Audrey Dillinger）出生於1889年3月6日，比約翰年長4歲。1907年，瑪麗·蘭卡斯特去世，同年奧黛麗嫁給艾默特·漢考克（Emmett "Fred" Hancock）為妻，並在第二年生育了他們的第一個孩子。約翰的父親在1912年5月23日與伊莉莎白·菲爾德（Elizabeth "Lizzie" Fields）再婚，約翰自此離開父親，開始跟隨自己的姐姐生活。在

約翰的一生中，他一共只度過了 7 年校園生活。在上學期間，他經常因為打架鬥毆和手腳不乾淨而招惹麻煩，再加上他還熱衷於霸凌同學而被人們認為患有人格障礙症，種種不良紀錄使約翰不得不離開學校，提前進入社會工作。

離開學校後，約翰就在一家五金行找到了工作。平日裡他工作很努力，但他的性格也很放縱，在生活中揮霍、奢靡，對自己從來不加以約束。父親很擔心城市生活會毀了他，於是便督促約翰儘早搬離大城市，回到鄉下生活。1920 年，約翰遵從父親的意願搬往摩斯維爾生活，但是新的環境並沒有改掉約翰的壞毛病。1922 年，約翰因偷車被當地警方抓捕，他的父親一怒之下就決定與約翰斷絕父子關係。

為了逃避責任，約翰決定加入海軍，但僅僅過了幾個月，他又一次惹上了麻煩。約翰利用服役船艦停靠在波士頓港口的機會擅自離開船艦，前往波士頓尋歡作樂。這一行為很快被軍隊發現，於是軍隊以擅離職守的名義將約翰開除。

離開軍隊的約翰回到摩斯維爾討生活，在一次偶然的機會下，他邂逅了貝麗爾・埃塞爾・霍維斯（Beryl Ethel Hovious），兩人一見鍾情，迅速墜入愛河。1924 年，約翰和貝麗爾在馬丁維爾舉行婚禮，這本來是一件幸福的事，但婚後約翰還是不能擁有穩定的工作，沒有工作沒有收入，自然也就無法保障婚姻延續。1929 年 6 月 20 日，約翰和貝麗爾決定離婚。

離婚後，約翰更加消沉、偏激，長時間沒有工作不僅讓他難以維持生計，還讓他產生不勞而獲的想法，於是約翰就聯合一個名叫艾德・辛格頓（Ed Singleton）的朋友，策劃了人生中的第一次搶劫行動。約翰和艾德按照事先擬定好的計畫，成功地從一家雜貨店搶走 120 美元，但他們

在逃離的時候被一位牧師認了出來，這位牧師向警方檢舉，約翰和艾德於次日被捕。

在警方的審訊中，艾德堅稱自己無罪，而約翰則在父親老約翰的勸說下承認了罪行。法庭最終以蓄意搶劫的罪名，判處約翰 10 年監禁。老約翰在隨後的採訪中，表示自己非常後悔，他認為是自己的建議使約翰受到了不公正的判決。面對如此嚴厲的量刑，老約翰多次懇求法官減少刑期，但均遭到拒絕。在押運約翰前往當地監獄的途中，約翰曾嘗試逃跑，但沒有成功。

這次判決對約翰來說影響是非常嚴重的，他曾在入獄的時候說：「當我出來的時候，我將成為你們見過的最卑鄙的暴徒。」至此，約翰開始仇視社會，他開始主動和其他罪犯為伍，向一些經驗豐富的罪犯學習如何更巧妙地實施犯罪，這些人裡面就有銀行劫匪哈利・皮爾龐特（Harry "Pete" Pierpont）和羅素・克拉克（Russell Clark）。

約翰好像天生就有犯罪的潛力，他在與其他罪犯相處的過程中，很快就學會了如何成功地實施犯罪。三人還相互約定，在獲釋後就馬上「大幹一場」。與此同時，老約翰也四處奔走，希望能夠找到幫助兒子減刑的方法。皇天不負苦心人，老約翰終於獲得了一份 188 人簽名的請願書，他將請願書提交法院，希望能夠幫約翰減刑。

1933 年 5 月 10 日，在監獄度過了將近 4 年的約翰提前獲釋。這時恰逢美國經濟大蕭條，各行業凋敝萎縮，企業工廠倒閉，絕大多數人失業，全憑領取政府救濟來生活。在這種大環境的影響下，約翰依然無法找到工作。迫於生活壓力，他很快就開始重操舊業，再次透過犯罪行動來獲得金錢。

約翰在 1933 年 9 月 22 日動手搶劫了俄亥俄州布拉夫頓的一家銀行，

但是這次搶劫行動並不算成功，當地警方在很短的時間內就追蹤到他的行跡，並在俄亥俄州利馬郡將約翰抓捕入獄。入獄之後，警方在約翰身上搜到一份越獄計畫（這份計畫實際上是約翰負責協助皮爾龐特、克拉克以及其他六名同監獄的罪犯越獄，他們準備利用朋友偷偷運進監獄內部的來福槍來實施越獄），但是約翰拒絕交代該計畫的內容。

1933年10月12日，約翰被捕後的第四天，有三名越獄者來到了利馬郡，他們偽裝成來自印第安那州的警官，聲稱此次前來利馬郡是為了將約翰押解回原籍關押。在交接之前，利馬郡的獄警要求他們出示相關證件，這三名謊稱警官的越獄者隨即暴起發難，將獄警擊昏在地，將關在監獄中的約翰救出並一起潛逃回印第安那州，與其他幾名越獄者會合。在警方的檔案中，這幾名越獄者哈利・皮爾龐特、羅素・克拉克、約翰・「紅髮」・漢米爾頓（John "Red" Hamilton）、查爾斯・馬克里（Charles Makley）、華特・迪特里希（Walter Dietrich）、哈利・克普蘭（Harry Copeland）、詹姆斯・克拉克（James Clark）、艾德・肖斯（Ed Shouse）就是「最初的迪林傑幫」。

約翰利用4年的監獄生活精心研究了搶劫技巧，在與這些「同夥」相聚之後，他就開始將這些想法一一付諸行動，約翰在之後的每一次搶劫行動中都有著十足的信心，警察追得越緊，他們搶劫的頻率就越高。約翰在實施搶劫之前，通常會喬裝成生產銀行警報系統的公司的業務代表，以推銷安保設施的名義來了解銀行內部的安保結構，他利用這種方法成功搶劫了多家印第安那州和俄亥俄州的銀行。迪林傑幫還曾經喬裝成拍攝搶劫銀行橋段的劇組，透過這樣的偽裝來對自己看中的目標實施搶劫，結果他們真的在有民眾圍觀的情況下順利實施了一次搶劫。

根據警方估算，約翰所實施的多起銀行搶劫案所涉案的金額高達30

第一章 「頭號公敵」—銀行大劫案

萬美元，為了方便搶劫銀行，約翰還曾多次搶劫警方武器庫來獲得武器。儘管約翰的這些行為還不足以上升到觸犯美國聯邦法律的地步，但聯邦調查局依然被請來參與調查此案。這次調查行動也是聯邦調查局首次在職權範圍之外偵辦案件，他們使用了當時最先進的指紋辨識技術，迅速確認了犯案嫌疑人的身分並在全國懸賞通緝。

FBI 的加入使得約翰等人不得不更加小心地應對，他們停止了一切搶劫行動，所有人都隱藏身分偷偷住進了國會飯店，以此來躲避 FBI 的搜查，但一次意外事故曝光了他們的行蹤。國會飯店因為一次意外而失火，約翰等人因為逃跑得過於匆忙而沒能攜帶自己的行李（贓款），在逃出飯店之後，查爾斯·馬克里付給消防員 12 美元，請求消防員幫助他們取回行李，這一舉動也讓消防員有機會看清楚迪林傑幫內部其他幾位成員的相貌。隨後，這名消防員認出了這些人，他向警方檢舉，警方迅速展開行動，抓捕了集團中的 5 人，這 5 人中就有約翰，並從這些人身上搜出了 3 把衝鋒槍、6 把機關槍和 25,000 美元的現金。

被捕的 5 人被警方押往印第安那州接受審判，暫時收押進克朗波因特監獄中。這一次警方為了防止約翰逃脫，增派了大量人手對他嚴加看管，但約翰已經不是當初那個初出茅廬的毛頭小子了。他悄悄地用木頭雕刻出一支木質手槍，並在木槍外邊塗上黑色的鞋油，將這支木槍偽裝成真槍，並在一名獄警大意的情況下使用這把「槍」挾持該獄警作為人質，以此脅迫其他警察，成功擺脫了警方的追蹤。接下來，約翰開始了跨州逃亡，對此，聯邦調查局也正式展開了全國範圍的大搜捕行動。

約翰悄悄潛入芝加哥，他和新交的女朋友伊芙琳·弗萊切特（Evelyn Frechette）一同生活，不久他們決定前往明尼蘇達州的聖保羅和其他迪林傑幫成員碰頭。但是他們引起了所租住公寓房東的懷疑，並在 1934 年

3月30日被房東向FBI檢舉。經過一段時間的監聽，FBI確定約翰就居住在該公寓中。在警方進行抓捕之前，一名試圖進入公寓的迪林傑幫成員發現了狀況，他向警方開槍，隨後整個集團一起向警方開火，並在警方支援到達之前從公寓的後門逃脫。在逃跑的過程中，約翰因中槍負傷而急需醫治，於是他就悄悄躲藏在伊芙琳父親的家中接受醫治。不久，伊芙琳在回芝加哥看望朋友的時候被警方抓捕，但是她拒絕交代約翰的下落。

約翰在傷勢痊癒之後馬上展開了報復性行動，他們在印第安那州搶劫了一家警察局，然後在聯邦調查局特務趕來之前潛逃到密西根州。4月，約翰和他的同夥躲藏在威斯康辛州一家名叫小波西米亞的旅社，他們向店主愛默爾・瓦納卡（Emil Wanatka）保證不會給這家旅社招惹麻煩，並且對店主一家實施了監視和威脅。一天，店主的老婆和她的哥哥成功躲開了迪林傑幫成員中負責盯梢的「娃娃臉」尼爾森（Baby Face Nelson），並向芝加哥的檢察機關送了一封檢舉信，檢察官辦公室迅速聯絡了聯邦調查局，FBI連夜展開緊急調動。

數日後，FBI派遣一支由休・克雷格（Hugh Clegg）和梅爾文・帕維斯（Melvin Purvis）所帶領的隊伍，趁著即將退去的夜色悄悄靠近了小波西米亞旅社，這時旅社門前的狗大聲叫了起來，但因為這兩隻狗平日裡也經常叫，所以並沒有引起約翰等人的注意，他們甚至都沒有派人前去檢視。直到FBI錯誤地擊倒了一名早起的本地居民和兩名司機以後，迪林傑幫才意識到聯邦調查局已經悄悄潛入，他們馬上對FBI發動攻擊，短暫的交火之後，「娃娃臉」尼爾森將探員卡特・鮑姆（W. Carter Baum）射殺，迪林傑幫全部成功逃離。

1934年4月，約翰彷彿人間蒸發一樣消失了，FBI沒有任何線索可

第一章 「頭號公敵」—銀行大劫案

以追查到他。實際上約翰對自己做了整容手術，他修直了鼻梁，剪細了眉毛，將棕色的頭髮染成黑色，並蓄起了鬍鬚，他還使用酸性物質腐蝕了自己的指尖，以此來消除指紋。約翰對自己的易容術很有自信，同年夏天，他就在全國通緝的情況下公然在芝加哥北區定居，不僅找到了一份工作，還包養了一名叫波莉・漢米爾頓（Polly Hamilton）的女招待。雖然波莉並不清楚約翰的真實身分，但是她的房東安娜・卡帕那斯（Ana Cumpănaş）卻察覺了約翰的真實身分。安娜在美國經營一家妓院，她正面臨著被美國驅逐出境的難題，為了能夠獲得在美國的永久居留權，安娜決定向警方檢舉約翰。

1934年7月21日，安娜聯絡了警方，她告訴FBI，約翰正和一名妓女住在一起，他們還會在第二天去看一部名叫《曼哈頓通俗劇》的電影。安娜還同意在看電影的當天穿上醒目的紅裙子，以便於警方能夠在人群中認出她。FBI迅速展開行動，聯邦調查局局長約翰・埃德加・胡佛專門授權組成了抓捕約翰的特別任務小組，指揮部就設在芝加哥，並派出16名精銳的聯邦探員在林肯北大道的比沃格拉夫劇院周圍設伏。

根據FBI內部檔案記載，這一天出奇的燥熱，當天氣溫超過37.8°C，晚上8時30分，探員們發現約翰、波莉以及安娜一同走進電影院，約翰穿著白色上衣，打著黑色領帶，下面穿著灰色的法蘭絨褲子，頭戴白色草帽。兩小時之後，他們3人從前門走出，但是當警方準備實施抓捕的時候，約翰突然驚覺，他迅速地拔出一把口徑為38公釐的手槍並跑向一條小巷，當時一共有3名探員開槍，共打出5發子彈，約翰身中3槍，兩槍擊中胸部，一槍從脖頸後射入，從右眼睛射出。當日22時50分，FBI正式宣布約翰・赫伯特・迪林傑死亡。聯邦調查局稱約翰死前沒有遺言，並將其屍體在伊利諾州的庫克郡對大眾開放，後葬於皇冠山墓地。

第二章　美國最著名的綁架案
── 林白小鷹綁架案

　　在聯邦調查局的歷史上，林白小鷹綁架案是有著里程碑意義的，這起案件使得聯邦調查局第一次獲得對地方案件的管轄權，美國國會通過了以林白命名的「小林白法案」。法案規定，如果有綁架案在一週之內未能偵破，那麼就推定綁匪已經穿越了州界，此時聯邦調查局就自動享有對該案的管轄權，直到案件結束。

第二章　美國最著名的綁架案—林白小鷹綁架案

　　1932 年 3 月 1 日晚，在位於紐澤西州一個面積達 160 公頃的農場內，發生了一起兒童綁架案。據照看孩子的保母所說，當時這個 20 個月大的孩子已經上床入睡了，而他的父親林白在回家後為了不打擾孩子的睡眠，並沒有立刻去看他。22 時，保母貝蒂（Betty Gow）去嬰兒室開暖氣，但室內沉寂的氛圍讓她感到不妙，她發現嬰兒不見了。貝蒂迅速找來林白，林白開啟嬰兒室的燈，室內一切保持原樣，即便是孩子睡覺時所使用的毛毯都沒有移動的痕跡，但孩子卻消失了，窗臺上的百葉窗有著明顯被破壞的痕跡，但室內除了消失的嬰兒之外並沒有丟失任何一樣東西，反倒是窗臺上多了一個白色信封。林白透過這封信得知，自己的孩子被綁架了。

　　當晚 22 時 25 分，林白在自行搜尋無果之後，決定向警方報案。22 時 40 分，當地警方到達案發現場。22 時 46 分，警方以電報的形式通告全州，命令各地實施交通管制，並攔截一切載有身穿睡衣的嬰兒的車輛。23 時，整個紐澤西州的交通要道全部設立了路障，而其他各州也開始排查上述車輛。按道理來講，在當時，美國嬰兒失竊雖不常見，但也談不上是大案，更不消說出動整個州的警力來搜查嫌犯。那是什麼原因導致此案如此興師動眾，被美國警方重點關注呢？這其實和孩子的父親——林白有著直接的關係。

　　林白，全名叫查爾斯‧奧古斯都‧林白二世（Charles Augustus Lindbergh, 1902～1974）。林白出生於美國密西根州的底特律，有著瑞典人的血統，他的父親是一名國會議員，母親是底特律的一名高中化學教師。在林白還很小的時候，他的父母感情出現了問題，分居是他們解決這個問題的方法。林白因從小跟隨母親長大，所以在幼年的時候對藥物學很感興趣，高中畢業後林白移居加州，並在 1920 年進入威斯康辛大學

麥迪遜分校就讀。兩年後林白主動終止了自己的大學課程，他找到了新的樂趣——飛行。林白於同年成為內布拉斯加州飛機公司飛行學校的學生，並於1922年4月9日首次參與飛行，於1923年5月在阿梅里克斯進行第一次單人飛行，同年林白在阿肯色州湖景完成首次夜間飛行。

1924年3月19日，林白加入美國陸軍航空部隊，開始了為期一年的飛行員訓練，在即將畢業的8天前，林白遇到了人生中第一次飛行事故，他與另一架飛機相撞，被迫跳傘逃生。此後林白正式開始飛行的職業生涯，他成為美國軍方的空郵師，當時飛行條件極差，全國共計40名空郵師，在飛行中先後有31名喪生，但林白總能從惡劣的天氣條件下逃生，這為他贏得了「幸運小林」(Lucky Lindy)和「空中傻瓜」(Slim)的稱號。

特立獨行和大膽的行事風格使「瘋狂」成為人們對林白的主要印象，「孤鷹」(Lone Eagle)也成了林白的另一稱號。林白一生中共經歷了4次飛機失控，每當這個時候他總會站在機翼上一躍而下，每次死裡逃生之後，林白對自己的飛行技術就更加自信。

1927年5月20日，林白的人生迎來了第一次重大轉變，他決定參加從紐約到巴黎的飛行大賽。這次飛行需要跨越大西洋，並且不能在中途停留休息。為了完成這次飛行，林白決定降低飛機的自重，他取消了制動系統和無線電，去掉了降落傘，他在飛行中與黑暗、雲層、大霧、凍雨抗爭，為了不讓自己睡著，他甚至嘗試讓自己的雙眼輪流休息。在經過種種考驗之後，林白所駕駛的「聖路易斯精神號」在飛行了33.5個小時後，成功降落在巴黎，完成了本次飛行。

林白所不知道的是，在他飛行的過程中，他的競爭對手相繼失敗，很多人因此丟了性命，只有他完成了本次飛行。人們紛紛向《紐約時報》

第二章　美國最著名的綁架案—林白小鷹綁架案

打電話，他們迫切地希望得到這次大賽僅存的這名參賽者的消息。在林白飛躍大西洋的時候，一座大型拳擊賽館內的近4萬名觀眾為他祈禱，當他的飛機成功降落的那一刻，整個巴黎沸騰了，共計15萬人參加了此次歡迎儀式。據林白回憶說，他當時險些被湧上來的人踩死。

這次飛行使得林白成了當時世界上最為出名的人，在林白返回紐約後，共計400萬人參加了慶祝遊行，這是美國歷史上最盛大的慶祝遊行。此後林白開始了歷時3個月的環美慶祝遊行，將近3,000萬的美國觀眾參與了他的遊行，他們看到了真實的林白。在當時，美國全國的人口數不過1.2億，也就是說將近1/4的美國民眾認識並崇拜林白，這名年僅25歲、原本名不見經傳的飛行員一躍成為美國最當紅的人物。但此時的林白已經不堪盛名之累，他決定回歸原來的生活，他和一名金融家的女兒安妮·莫羅（Anne Morrow）結了婚，婚禮儀式簡單而又低調，林白竭力避開媒體的關注。

一年後，安妮即將分娩，林白對這件事情嚴格保密，一直到他的孩子小查爾斯·奧古斯都·林白（Charles Augustus Lindbergh Jr.）出生後的第10天，媒體才得知這一消息。媒體是不會放過這個炒作的機會的，他們用「小鷹」、「幼鷹」（the Eaglet）來稱呼這個剛出生10天的孩子。祝賀的電報、鮮花、信件、禮物像雪片一樣從四面八方寄來。「小鷹」的生活，每天喝了多少奶、換了幾片尿布都成了各大報社追捧的消息，這使得小查爾斯的受關注度甚至超過了大多數西方皇室子女。林白非常厭惡這樣的生活，他帶著自己的家人搬到了紐澤西州的豪宅中，他想在這裡保護他的孩子，但他失敗了。

林白小鷹綁架案成為美國歷史上最為轟動的刑事案件，警方為此展開了地毯式的搜索行動，但他們的大規模搜索僅僅找到了一架梯子和一

對鞋印，而犯罪現場技術專家法蘭克‧凱利（Frank A. Kelly）在案發現場也沒有找到任何帶有指紋的物品，甚至綁匪遺棄的梯子以及鑿子（綁匪用來破壞窗戶）上也沒有指紋存在。警方依次排查了曾在林白家工作過的29名僕人，並將當時貼身照顧小查爾斯的保母貝蒂作為重點懷疑對象，但他們並沒有在這些人身上找到任何破綻，這讓林白非常憤怒，他決定親自操控這個案件的進展。

林白從那封有3個小洞的敲詐信中得知，對方想用小查爾斯換取5萬美元贖金，並要求這筆錢必須由20元、10元以及5元面額的鈔票組成。林白認為綁架者想要的無非是錢，而他想要的是孩子，讓嬰兒安全回家的最好方法就是按照綁匪的要求去做。

林白在報紙上公開發表宣告，說他願意與匪徒做私下接觸或者與匪徒指定的人接觸，並會嚴格保守祕密。這種宣告與警方所遵守的原則是完全相反的，但鑑於林白當時的聲望，警方竟然公然讓步。儘管在之後的宣告中，警方強調了林白夫婦所經受的痛苦和迫切希望兒子回歸的願望，但他們也暗示綁匪是不能逃脫法律制裁的。

3月4日，林白收到了綁匪寄來的第二封勒索信，在信中，綁匪不僅語氣惡劣，還將贖金的數目提高到了7萬美元。警方注意到綁匪信中有很多常規詞彙的用法是錯誤的，但有些很難的詞彙卻使用正確，由此可以推測綁匪的英語程度不高，很可能是外來移民。參與此案的聯邦調查局筆跡檢驗專家認定這兩封勒索信是出自同一人之手，但林白認為抓走他兒子的一定是一個很有實力的犯罪集團。林白開始與黑社會接觸，試圖透過這種途徑來與匪徒取得聯絡。警方再次讓步，他們同意林白與黑社會接觸。在此時的林白家，人們會見到一幅很奇特的畫面，警探和黑社會成員共處一室，他們以不同的形式為林白服務。

第二章　美國最著名的綁架案—林白小鷹綁架案

就在案情進展停滯的時候，一個名叫康登（John F. Condon）的中學教師透過報紙與綁匪取得了聯絡，他不僅願意充當林白與匪徒之間的中間人，還願意將自己的1,000美元作為額外的贖金交予綁匪。3月12日晚，康登首次與綁匪見面，他按照綁匪的指示在伍德公墓與綁匪進行了首次溝通，這名綁匪聲稱自己的集團共有4人，他們中間還有一名政府的高級雇員。在康登和綁匪會面的同時，林白也透過自己的管道來籌集贖金，他與財政部通了電話，希望能夠得到財政部的幫助。財政部要求在贖金上做上標記，以便於匪徒在今後使用這些錢的時候能夠找到他們的蹤跡。

當時美國財政部已經準備將現行的金圓券取消，改為發行銀圓券，所以財政人員建議林白把金圓券作為贖金的主要組成部分，在將來的某一天匪徒會將這些金圓券兌換成銀圓券，如果匪徒這樣做了，那他就很容易被警方抓獲。這個建議與林白的目的並不衝突，他接受了財政部的建議，用金圓券籌集了贖金。儘管匪徒要求所有的錢都不允許連號，但每一張金圓券還是被銀行以特殊的記號記錄在案。

4月2日晚上8時左右，康登等到了匪徒見面交易的通知。林白得知這個消息以後，馬上就按照匪徒的要求行事，並且他拒絕了警方在贖金交付地點祕密埋伏警察的提議，他甚至不允許警察跟蹤康登。如果警方想要行動，那就必須等到他的孩子安全回來後才能開始。警方再次向林白妥協，這讓人難以置信。

匪徒此次和康登約見的地點是聖雷蒙德公墓，在這裡康登把錢交給了對方，但林白的讓步並沒有換回他的孩子，匪徒只是提供了可能找到他兒子的線索——小查爾斯在霍斯內克海灘上停靠著的一條船中。林白在得知這條線索之後並沒有表現得十分暴躁，他馬上駕駛著飛機飛往

霍斯內克海灘，儘管他很努力地將整個麻塞諸塞州的海灘翻了個遍，但他依然沒能找到那條載著小查爾斯的船。接著林白又沿著海岸線飛到了維吉尼亞，但這裡依然沒有小查爾斯的蹤影。接下來的幾天裡，美國出動了海軍戰機和海岸警衛隊幫助林白尋找，但他們這次地毯式的搜查依然沒有找到任何可能載有小查爾斯的船隻，這一切都表明綁匪欺騙了林白。

到此，林白和警方所掌握的線索全部中斷，小查爾斯很可能已經遭遇不幸，這對林白的打擊很大。史學家認為，這次事件很可能就是導致林白在未與妻子離婚的情況下祕密組建多個家庭的原因。

5月12日下午時分，威廉‧艾倫（William Allen）駕駛著自己的卡車在途經玫瑰山附近時，因內急停下車，在附近找了一處樹林，他匆忙地走進樹林深處，準備找個地方行個方便。但他卻在無意間發現了一具已經腐爛的嬰兒屍體，他迅速跑出樹林向警方報了案。在這個距離林白家僅有6.4公里的地方，警方找到了這具已經嚴重腐爛的嬰兒屍體，他的左手、右臂以及左腿自膝蓋以下的部分都被動物啃食了，屍體的身邊還丟棄著一個粗布麻袋以及一些孩子穿的衣物，這些衣物正是小查爾斯的。

驗屍官對屍體進行了屍檢，他們發現嬰兒的顱內有血液凝塊，這說明孩子是因為顱骨大面積碎裂而死的，屍檢部門確認嬰兒的死亡時間就在被綁架的當晚，據此推測小查爾斯很可能是在被綁匪裝進麻袋帶下樓的時候，綁匪所使用的的木梯垮塌，麻袋隨之掉下，孩子的頭部撞擊在石塊或者牆根上致死的。

搜查小查爾斯的行動至此落下了帷幕，林白最終沒能夠從綁匪的手中解救出愛子。警方在掌握新的線索之後，便展開了新一輪的調查，他

們在盤查過程中發現一名叫維奧莉特·夏普（Violet Sharpe）的女傭表現異常，這名女傭在接受例行檢查時表現得十分焦慮和緊張。此外，警方還在她的房間內搜到了一張紐約銀行的存摺，存摺裡有 1,600 美元。這筆鉅款引起了警方的懷疑，在審訊中，這名女傭無法合理地解釋這筆錢的來源，但她也沒有透露任何有利於案情進展的線索。第二天，警方準備再次對她進行問話，卻發現這名女傭已經在食品儲藏室內自殺了。

在調查中，一名來自農業部的警官發現綁匪所使用的木梯上的兩塊木料有 4 個額外的方釘孔，這種木板很明顯是用作他途的，出現在梯子上是因為綁匪在製作梯子的過程中缺乏木料，隨手從其他東西上拆下這兩塊木料用作代替物。這名警官還在木料店找到了與上述木料一模一樣的木板，但因為老闆並不對購買木材的人做記錄，該條線索到此中斷。

1933 年 4 月 5 日，新上任的美國總統小羅斯福宣布，美國將脫離金本位制，所有面額超過 100 美元的金圓券必須上交銀行，兌換成同等價值的銀圓券，至此，當初財政部的建議終於派上了用場。在兌換開始的一段時間內，銀行確實收到了一部分來自贖金的金圓券，但警方無法透過這些金圓券的來路來確定它們的原始持有人是誰。

同年 10 月 19 日，美國官方認為，林白小鷹綁架案的偵破工作已經不是紐澤西州所能獨自完成的，聯邦政府批准聯邦調查局介入此案調查，並且批准調查局在處理此案的過程中享有排他性管轄權。

1934 年 9 月 18 日，一名在紐約布朗克斯區工作的銀行人員在清點鈔票的過程中發現了兩張印有贖金號碼的金圓券。經調查，這兩張金圓券是由一家加油站交上來的，FBI 迅速趕往該加油站展開調查。警方在訊問後得知，這兩張金圓券是一名開著藍色道奇轎車的人加油時所支付

的，當時加油站的工作人員害怕這位客人所使用的金圓券是假幣，就在對方離開的時候記下了這輛車的車牌號。

警方透過車牌號碼迅速鎖定了這輛道奇車的車主，這個叫理察·霍普曼（Richard Hauptmann）的車主是一名德國人，他不僅是一名木工，而且他住所的位置距離伍德公墓僅有 1.6 公里，與交付贖金的聖雷蒙德公墓距離只有 6.4 公里，這種距離意味著，理察有很大的作案嫌疑，並且理察當年是透過非法途徑進入美國的，警方決定嚴密監視理察。9 月 19 日，理察在察覺自己被警方跟蹤後，突然加速逃竄，他連續闖了多個紅燈，但依然沒能逃脫法網，警方以違反交通法規為由將理察抓捕。

隨後，警方在理察的住所內找到了大量的證據。他們首先在理察的車庫內發現了一個被精心隱藏的罐頭盒，在這個盒子中一共有 1.4 萬美元，這些錢全部是帶有贖金標記的金圓券。此外，警方在理察家中搜到了一架木梯的設計圖，這架木梯和綁匪作案所使用的的木梯非常相似。在與德國警方聯絡之後，美國警方確認，理察在德國曾有多次入室行竊的紀錄，並且他的作案工具就是梯子。警方還在理察閣樓的地板上發現了兩個明顯的缺口，這兩塊缺失的木板和綁匪木梯上所使用的木板完全相同。

1934 年 10 月 8 日，理察被紐澤西州大陪審團指控犯有謀殺查爾斯·奧古斯都·林白三世的罪行，並將理察關在位於弗萊明頓的亨特登郡監獄內候審。1935 年 1 月 2 日，林白綁架一案正式開審，這次審判被美國部分媒體稱為「世紀大審判」，理察還被美國民眾稱為世界上「最可恨的人」。

審訊中，檢方指控理察就是 3 年前綁架小查爾斯並將其殺害，隨後又向林白索要 7 萬美元贖金的凶手，但理察否認檢方的指控，他指出檢

方並沒有任何直接證據證明自己就是凶手，檢方所提供的證據全是間接證據，因此他認為這是檢方故意製造偽證構陷自己的。這是一記強而有力的反擊，理察的申辯符合美國法律的規定。

但檢方並不懼怕理察的反擊，因為儘管他們所收集的證據是間接證據，但這些證據卻組成了一張嚴密的法網，使理察無處可逃。屍檢部門稱，小查爾斯死於頭部的外力傷害，並且是迅速致死，因為顱骨的裂縫處沒有流血跡象。這就解釋了為何理察不曾有過照顧小孩的舉動，這間接證明了，綁匪就是殺害嬰兒的凶手，即便是誤殺。

警方透過美國林業產品試驗室對案發現場所遺留的作案工具——梯子，進行了切片分析。他們精確地指出，這架梯子共由 4 種木料組成，它由不同的人拼接組裝，這解釋了為何梯子的介面處有的手法很專業，有的手法則比較粗糙。關鍵的是，這架梯子的第 16 根橫梁上所使用的木料以及木料上所遺留的方形釘孔都顯示了這塊木料應該來自於一個室內構築物，這與警方的搜查紀錄相印證。理察家的閣樓上所使用的木板與梯子上的木板不論是花紋還是釘孔間的角度和間距都是完全吻合的，這就證明了這架作案用的梯子就是由理察所製造，並用來實施犯罪。

除此之外，FBI 的 8 名筆跡專家也證實了理察的筆跡和兩封敲詐信中的筆跡相同。理察是德國人，英語並不是他的母語，這就解釋了他在敲詐信中出現的文法錯誤。理察家所發現的 1.4 萬元現金的面額組成、記號與贖金完全相同。財政部門專程調查了理察的收入狀況，以他當前的薪資收入是無法解釋這筆鉅款的來源的。理察將這筆錢解釋為一名已故的德國朋友費許（Isidor Fisch）在離開美國時歸還自己的欠款，但警方在他家搜查到的帳本中根本沒有發現任何與這筆鉅款有關的出入記載。

關鍵的是，在 1932 年 4 月 4 日，即贖金支付後的第三天，理察就辭去了工作，並購買了一部價值 400 美元的收音機，他還曾在這個時期與妻子去德國進行了一次豪華旅行。如此豪爽的出手再加上他家中隱藏的鉅款，都暗示了這筆鉅款的來源，那是林白用來換取小查爾斯的贖金。

在所有的證據中讓理察最無法解釋的就是，警方在他家中搜查到康登的地址以及聯絡方式，而他最初稱他和康登並不相識。在證人指證階段，康登和計程車司機則證明了理察就是和自己聯絡的人。

在眾多證據全部指向理察的時候，他依然否認該指控，他的妻子也證明案發當晚理察並未出門，他的律師指責警方偽造證物。在審判的最後階段，檢方提醒陪審團，理察在德國有多次犯罪紀錄，並且經常使用長梯作為作案工具。1935 年 2 月 14 日，經過 29 次開庭，162 個證人出庭作證，先後出示 381 份證據之後，陪審團認定理察有罪，並應當處以死刑。1937 年 4 月 3 日，理察在紐澤西州州立監獄被送上電椅。

在理察死後，關於此事的各種議論依然沒有平息，有人認為他是無辜的；有人認為凶手是理察所描述的那個德國人費許；還有人認為林白或者他妻子的弟弟是凶手。但不論如何，這起美國歷史上最著名的綁架案到此結束了。

在聯邦調查局的歷史上，林白小鷹綁架案是有著里程碑意義的，這起案件使得聯邦調查局第一次獲得對地方案件的管轄權，美國國會通過了以林白命名的「小林白法案」(Little Lindbergh Law)。法案規定，如果有綁架案在一週之內未能偵破，那麼就推定綁匪已經穿越了州界，此時聯邦調查局就自動享有對該案的管轄權，直到案件結束。

第二章　美國最著名的綁架案—林白小鷹綁架案

第三章　缺頁疑案
—— 黑色大理花慘案

　　時光飛逝，70多年後的今天，對於「黑色大理花慘案」來講，警方並沒有取得任何進展。對於這起案件，外界能夠獲取的資訊也不多，沒有人能夠理解凶手為何如此殘忍地折磨這位年輕女孩。凶手為何要肢解屍體？為何要取走子宮？又為何要將屍體公之於眾？到了今日，凶手很可能已經自然死亡，這一切都成了一個謎。

第三章　缺頁疑案—黑色大理花慘案

1947 年 1 月 15 日，在美國加利福尼亞州洛杉磯市發生了一起駭人聽聞的重大案件——缺頁疑案。事發當天，上午 10 時，家住諾頓街區中心住宅區 39 街的家庭主婦貝蒂・勃辛格，帶著自己 3 歲大的女兒去取自己前些日子送往鞋店修補的鞋子，在路過諾頓街區達雷邁特公園內一塊青草茂盛的草地時，勃辛格遠遠地看見早地上彷彿被誰遺棄了一具殘破的「人體石膏模型」，當她走近想要看得更清楚一些時，她卻驚恐地發現，丟在地上的東西根本不是什麼模型，而是一具被殘忍肢解的屍體。驚慌失措的勃辛格急忙遮住身旁孩子的眼睛，抱起她迅速跑向當地警局報案。

警方馬上採取行動，他們在案發現場周圍拉起警戒線並試圖封鎖消息，可是這擋不住聞風而來的記者，他們透過各種管道獲取了警戒線內的資訊，有些人甚至衝進案發現場，試圖「先睹為快」。有人說被害人的頭髮是呈放射狀向周圍鋪開的，看起來像一朵黑色的大理花，也有人說被害人生前最喜歡穿黑色的衣物，她從裡到外的衣物都是黑色的，因此外界又將這件恐怖的碎屍案稱為「黑色大理花案」。對於警方來說，他們認為記者的瘋狂是導致該案件無法順利偵破的最大因素，因為這些記者為了獲取獨家報導，衝進現場肆意踩踏，極可能破壞了一些重要證據。

死者是一名年輕女性，身高約 170 公分，體重約為 51.2 公斤，眼睛是藍色的，頭髮為褐色，外觀上的黑色是後天染髮造成的。這名被害人全身赤裸，屍體從肚臍中間被一分為二，兩段屍體對正擺放，中間有著 50 公分的間隔，死者的面孔朝上，雙臂上舉，在手肘部彎曲，雙腿筆直伸開，兩腿間叉開的角度大約為 60 度。屍體在被遺棄之前已經做過仔細的清洗，棄屍現場並沒有任何血跡，死者胸部遭到了嚴重破壞，嘴角兩側各有一道直達耳部的切口，這使得死者面部呈現出一副極為怪異的笑

容，很像小丑的嘴。

　　警方認為：屍體身下的露水表明棄屍的時間大約為凌晨兩點鐘，而屍檢部門透過死者腕部和踝部的繩索捆綁痕跡判斷出死者生前曾被拘禁。死者的頭前部和右部有擦傷，右側的蛛網膜下腔有出血現象，這表明被害人頭部曾遭受重擊。因為屍體被發現的時間是上午 10 點鐘，棄屍地點周圍經常有車輛行人經過，警方卻沒有接到報案，這說明棄屍地點很可能不是案發的第一現場。

　　進一步的屍檢很快就有了結果。因為被害人的屍體有被冷藏的痕跡，所以死者的死亡時間只能判定為 13 日下午的 15：00～17：00 之間。死因則可能是頭部受重擊，也可能是因失血過多所致。被害人的屍體是被電鋸或者大型刀具從中鋸開，屍體上瘀傷遍布，多根手指骨折，有部分指甲被拔掉，雙腿的膝蓋處均有骨折現象，大腿內側有多處創口不深的刀傷。根據這些資訊，法醫推測被害人在死前曾遭受時長約為 36～48 小時的殘酷折磨。死者腳踝處自下向上翻起的傷痕，代表著死者曾被倒吊。屍體的乳房和子宮被切除，上半身的臟器被塞進胸腔，乳房傷口處呈現鋸齒狀切割傷痕，屍體上還有多處菸頭燙傷。因此，犯罪心理側寫專家認為，凶手很可能是一名心理極度變態的傢伙，只有這種人會在虐殺他人的時候獲得快感。

　　儘管屍檢報告很詳細，但因為屍體在被遺棄之前就經過了仔細處理，所以警方和屍檢部門並不能從屍體上找到有力的線索，無奈之下警方只能先行確認死者的身分。他們從屍體上提取了指紋和 DNA 資訊，與屍體照片一同發往 FBI 總部，和 FBI 總部收錄的 1.4 億個指紋相核對，56 分鐘後，FBI 確認該指紋是屬於來自聖塔巴巴拉的伊莉莎白·蕭特（Elizabeth Short）所有，警方透過照片對比之後也證實了該結論。

第三章　缺頁疑案—黑色大理花慘案

　　伊莉莎白‧蕭特，暱稱貝蒂或貝絲，1924 年 7 月 29 日出生於美國麻塞諸塞州的海德公園市，她的父親叫克萊奧‧蕭特（Cleo Alvin Short Jr.），母親叫菲比‧梅‧索耶（Phoebe Mae Sawyer）。蕭特夫婦共生育了五個兒女，伊莉莎白‧蕭特排行第三。在伊莉莎白還年幼的時候，她的父親所經營的一家高爾夫球場因為經濟大蕭條而倒閉，為了躲避隨之而來的債務，父親克萊奧在假裝跳河自殺後，祕密潛逃到加州。但是克萊奧的這種行為深深地傷害了整個家庭，多年後他多次打電話給菲比要求復合，但卻遭到了菲比的拒絕。

　　1940 年，年僅 16 歲的伊莉莎白已經出落得美麗動人，並且她開始效仿當時最出名的偶像明星黛安娜‧寶萍（Deanna Durbin），按照黛安娜全身黑色的著裝來樹立自己冷豔的形象。年紀輕輕的伊莉莎白懷揣著兩個夢想：第一，嫁給一名軍人；第二，成為一名明星。這一年，伊莉莎白踏上了開往加州的火車，她去投奔她的父親，希望能夠獲得進入演藝圈的機會。機緣加上伊莉莎白美麗的外表，使得她很快就接近了自己的夢想，然而命運總是喜歡開玩笑，就在即將入選為演員的前一天，伊莉莎白因為未成年飲酒而在聖塔巴巴拉被捕（美國法律規定未滿 21 歲不得飲酒），並被遣送回麻塞諸塞州——她的母親身邊。

　　隨後伊莉莎白被送往邁阿密上學，但沒過多久她就自行放棄學業，到一家酒店去做服務生，並在軍營和海軍基地附近的公共場所廝混。這一段時間裡，伊莉莎白曾與多名軍人發生情感糾葛，這一行為引起了她父親的強烈反感，但伊莉莎白不為所動，依舊我行我素，她的行為最終導致了父女關係的破裂。直到 1944 年年底，伊莉莎白遇到了她的夢中情人——空軍少校馬修‧戈登（Matthew Michael Gordon Jr.），他們一見鍾情，雙方迅速墜入愛河。她曾在寄給母親的信件中寫道：「他是如此與眾

不同，十分完美」，並稱對方已經向她正式提出求婚。

命運終歸是殘酷的，在日本投降以後，伊莉莎白並沒有等到凱旋的馬修，她只等來了一張馬修·戈登陣亡的通知書。沉痛的打擊使得伊莉莎白一蹶不振，她將自己棕色的頭髮染成黑色，並漸漸恢復了放蕩的生活。失去愛人之後，伊莉莎白更加迫切地希望成為一名明星，於是她白天一定會出現在好萊塢的街頭，希望自己能夠被星探選中，但是這些不切實際的想法只會帶來更嚴重的後果。長時間不工作的狀態使她日益拮据，形勢嚴峻的時候，她甚至付不起一天一美元的房租，迫於生計，她開始用身體向任何一個對她感興趣的男人換取生活用品以及休息的床鋪。

這種生活狀態使得伊莉莎白根本沒有一個真正的朋友，甚至沒有任何一個男人願意長期與她維持關係，即便是肉體關係。她曾經向她認識的一名朋友寄了一封信，信裡面說她即將去芝加哥嘗試做一名時裝模特（警方認為，這很可能是伊莉莎白的臆想），這封信也是伊莉莎白人生中的最後一封信件。

1947年1月9日，一名叫羅伯特·曼利（Robert "Red" Manley）的業務員注意到無家可歸的伊莉莎白，這名年僅25歲的男子幫助了她，他們在一家飯店休息一晚之後，伊莉莎白想要去巴爾默酒店見自己的妹妹，於是曼利就開車將伊莉莎白送到了開往洛杉磯的長途車站，然後兩人就此告別。但伊莉莎白有沒有坐上去見妹妹的車，已經無從知曉，曼利成了伊莉莎白人生中所見到的最後一人。一週後伊莉莎白死亡，沒人知道在這一週的時間裡，到底發生了什麼，即便她失蹤的時間長達一週，也沒有任何人向警方報案，直到1月15日，她的屍體被發現。

伊莉莎白生前所遭受的非人虐待和死後的不得安寧深深刺痛了警探

第三章　缺頁疑案—黑色大理花慘案

們的心，FBI聯合當地警方出動了大量警力，他們走訪調查了陳屍現場周圍的住戶和店鋪，試圖尋找一切線索，希望能夠找到可能存在的帶有血跡的衣物或凶器，他們還先後盤問了曾經與伊莉莎白相處過的20多名前男友，但是這些行動並沒有取得有效的線索和結果。

令人意想不到的是，本來毫無頭緒的慘案在案件登報以後卻迎來了轉機，有將近30人前來自首，他們聲稱自己是製造凶案的人。很顯然，這些人不可能是真正的凶手，但是警方不得不花費力氣來證明這些人是否清白。當地警方透過分析整個案件，推測凶手很可能不是伊莉莎白所認識的人，而是一個陌生人。來自FBI的現場勘查人員認為，死者腰部切口非常整齊，這很可能是專業人士所為，於是，他們向距離案發現場最近的南加州大學醫學院索取了近百名學生的資料，卻沒有發現任何可疑的地方。

挑戰警方的權威，可能是大多數凶手的癖好，殺害伊莉莎白的凶手也不例外。1月23日，《洛杉磯先驅報》報社收到了一個包裹，包裹內有伊莉莎白的出生證明、社保卡、她與其他軍人的照片、名片、馬修・戈登死亡的簡報、存放行李的寄存票和一本通訊錄，雖然通訊錄中有一頁被撕掉了，但依然還記錄著75名男性的名字和聯絡方式（這很可能是凶手迷惑警方的手段，該案也因此被稱為「缺頁疑案」），這個包裹在郵寄前就被郵寄人仔細清理過，他抹除了一切線索和指紋痕跡。和包裹一同寄來的還有凶手透過裁剪報紙和書刊拼接而成的一句話：「這是大理花的財產，還會有信件寄來。」不論如何，案件有了轉機，警方迅速對這75名男性展開調查，他們發現這些男性都曾試圖與伊莉莎白發生關係，雖然伊莉莎白回絕了他們，但這和伊莉莎白的死亡並沒有任何關聯。

1月25日，伊莉莎白生前所使用的黑漆皮錢包和黑色的鞋子在距拋屍地點幾公里外的25號街區1819E單元處的一個垃圾桶內被發現。1月

28 日，警方再次接到一封手寫的書信，信裡面說道：「週三，1 月 29 日上午 10 點是一個轉捩點，我要在 ×× 那裡尋開心。」信的落款是「黑色大理花復仇者」。有些人以此推測，凶手可能在上述時間自首。但顯然凶手並沒有任何自首的想法，很快警方再次收到一封裁剪加手寫修改過的信，信裡面說道：「我改變主意了，你們是不會和我公平交易的，大理花的死是合理的。」這段時間內，警方又陸續收到了疑似嫌疑人寄來的共計 16 封信件。經過驗證之後，只能確定其中的三封信件是凶手寄來的，但令人遺憾的是，在這三封信件中，警方並沒有找到任何有價值的線索，即便是指紋，也都被凶手處理得乾乾淨淨。

幾番查證無果之後，洛杉磯警方將曼利作為本案的首要嫌疑人，他們對曼利進行了兩次謊言測試，但是這兩次測試的結果都證明曼利不是凶手，再加上曼利有案發時的不在場證明，警方最終將曼利釋放。獲釋後的曼利並沒有開始自己新的生活，他出現了幻聽，並逐漸發展成為精神失常。在曼利被送往精神病醫院後，警方再次對曼利使用了「硫噴妥鈉」，也就是「吐真劑」，服用了吐真劑的曼利再次證明了自己的清白。在 1986 年，64 歲的曼利因意外墜亡。

此後警方認為「伊莉莎白凶殺案」的凶手很可能是當時的「口紅殺手」[01]，因為伊莉莎白是在德格南大道附近被殺害的，而「口紅殺手案」的其中一名被害人姓氏正是「德格南」（Degnan），而且兩起案件中凶手所使用的信件也有著共同特點。警方先後調查了近千名有可能存在嫌疑的人，卻依然一無所獲。最終伊莉莎白·蕭特——「黑色大理花」被安葬在奧克蘭的一處公墓中，在她的葬禮上，僅有 6 名親友前來憑弔這位年僅 22 歲、命運淒苦的女性。

---

[01] 指美國連環殺手威廉·海倫斯（William Heirens）。

第三章　缺頁疑案─黑色大理花慘案

　　時光飛逝，70多年後的今天，對於「黑色大理花慘案」來講，警方並沒有取得任何進展。對於這起案件，外界能夠獲取的資訊也不多，沒有人能夠理解凶手為何如此殘忍地折磨這位年輕女孩。凶手為何要肢解屍體？為何要取走子宮？又為何要將屍體公之於眾？到了今日，凶手很可能已經自然死亡，這一切都成了一個謎。

第四章　慾望殺人魔
── 被慾望控制的魔鬼

儘管警方所掌握的證據都指向了傑羅姆，但他一直保持沉默，警方決定利用他自大的特點引誘他講出實情。警方在審訊傑羅姆的時候，以假設案情的方法誘導傑羅姆講出實情，傑羅姆很享受掌控談話節奏的感覺，他在不知不覺中鬆口了，他以向警方炫耀，並糾正警方假設的方式，承認了自己所犯下的全部案件，甚至提到了一些警方沒有查明的案情細節。

第四章　慾望殺人魔—被慾望控制的魔鬼

　　1969年5月10日，一名漁夫在威拉米特河支流上發現了一具女屍，這具女屍定定地浮在湍急的河面上，她並沒有隨著水流移動，這種不合常理的現象讓漁夫非常恐懼，他急忙向警方報告了這一情況。在趕到現場後，警方發現這具漂浮在河面上的女屍是被綁在一個重物上，這個重物使她只能浮在原地。這具屍體的發現引起警方的高度關注，他們認為這具女屍很可能就是該州近期失蹤的四名女子之一。屍檢報告證實了他們的想法，這名女性是被勒死的，凶手將屍體系在一個汽車變速器上丟入水中，這具女屍就是近期失蹤的琳達‧塞利（Linda Dawn Salee）。琳達‧塞利是在美國奧勒岡州最大的城市波特蘭市的一個購物中心內失蹤的，警方當時只是以失蹤案報備，但誰也沒想到她已經遇害了。這一消息的公布使得當地民眾非常緊張，他們覺得這件事情很不正常，這附近很可能隱藏著一個殺人魔王。這個人就是傑羅姆‧布魯多斯（Jerome Henry "Jerry" Brudos）。

　　1939年1月31日，傑羅姆‧布魯多斯於美國中部的南達科他州降生，這個小生命的降生並沒有引起其他人過多的注意，人們也不會想到，在若干年後，這個孩子會成為一個恐怖的慾望殺手。傑羅姆出生時正是美國經濟大蕭條時期，受此影響，南達科他州的農戶很難維持自身生計。為了能夠找到更好的草場來維持一家人的生計，傑羅姆的父親亨利‧布魯多斯決定搬家，他們首先搬到了美國奧勒岡州的威拉米特谷居住。威拉米特谷又稱「葡萄谷」，它不僅橫跨奧勒岡州最大的城市波特蘭市和州府賽勒姆市，有著極為便利的地理條件，而且它又是一個自然風景優美的世外桃源。雖然傑羅姆從小就生活在一個風景如畫的田園世界中，但他的生活並不曾過得安穩或者快樂。

　　因為經濟蕭條，在美國各地的人們都很難找到一份穩定的工作，這

使得傑羅姆一家不得不四處搬遷，這也導致傑羅姆曾多次轉校，而這種不穩定的生活狀態很難使傑羅姆體驗到家庭所賦予的安全感。傑羅姆的父親由於忙於工作而很少待在家裡，這使得傑羅姆的一切都需要與母親溝通。傑羅姆的母親是一個嚴肅而又苛刻的女人，她並不喜歡傑羅姆（據傑羅姆回憶，他的母親非常希望再生一個女兒，但偏偏生了一個兒子，這就是母親討厭他的原因），她也從不掩飾自己對傑羅姆哥哥賴瑞（Larry）的偏愛，這讓傑羅姆無時無刻不感到孤獨和寂寞。犯罪心理學家認為：兒子和母親之間的相處是一個男性和女性打交道的第一步，如果他感覺到自己被母親拋棄了，或者母親對他有負面情緒（甚至知道母親並不想將他生下來），這會對他的人格產生巨大的衝擊，這種衝擊會使孩子的心理出現嚴重問題。

在傑羅姆還很小的時候，母親經常責罵他，有一次就和一雙高跟鞋有關。一天，小傑羅姆在垃圾堆裡撿到了一雙漆皮高跟鞋。他當時只有5歲，在發現這雙女士鞋子之後他不僅沒有將它丟掉，反而將這雙鞋子帶回了自己的臥室，他在自己一個人的時候經常會偷偷地穿上這雙高跟鞋，他覺得這樣做很有意思。母親在一次偶然的機會下發現小傑羅姆竟然偷穿高跟鞋，這讓她非常憤怒，她嚴厲地指責小傑羅姆，並責令他將這雙鞋丟掉。

聯邦調查局資深探員馬克·薩法里克認為，母親的這一行為使高跟鞋成了小傑羅姆的禁區，這讓他很不理解，他不明白自己為什麼不能穿這雙鞋子，也不明白母親為什麼會對自己的這一行為大加指責，這使他不僅沒有按照母親的要求去做，反而悄悄地將它藏了起來。此後，這雙高跟鞋就成了小傑羅姆的祕密玩具，他總是在一個人的時候偷偷地穿這雙鞋。

第四章　慾望殺人魔─被慾望控制的魔鬼

　　傑羅姆的母親再次發現了這一現象，她被小傑羅姆的行為激怒了。憤怒的母親沒能很好地克制自己的行為，她狠狠地責罰了小傑羅姆，然後在傑羅姆的面前將這雙漆皮高跟鞋燒掉了。母親的行為讓傑羅姆感到非常憤怒，在這種憤怒的背後還有深深的無力感，這種複雜的情緒再加上他內心中難以抑制的挫敗感使傑羅姆一步步走向一條不歸路。

　　母親的極端手法不僅沒能使得傑羅姆不再接觸高跟鞋，反而使得傑羅姆對高跟鞋更加好奇了。在小傑羅姆的內心中，他的母親越是禁止他接觸高跟鞋，他就越想要高跟鞋，這種強烈的反抗心理再加上違逆母親意志的行為讓傑羅姆感到刺激，這種刺激甚至可以激起他的性慾。長此以往，這種特殊的感覺漸漸演變成一種強烈的戀物癖。

　　1955年傑羅姆一家再次搬家，但這次與以往有些不同，傑羅姆發現他的鄰居家有幾個年輕漂亮的女孩，這使他很興奮。傑羅姆開始放縱自己的幻想，這種幻想使得傑羅姆愈加迷戀隔壁的女孩，他不止一次偷窺她們。慢慢地，這種偷窺不再能滿足傑羅姆內心的慾望，他竟然開始在洗衣房內偷這些女孩的內衣，這一變態行為使傑羅姆的內心得到滿足。傑羅姆的長相並不出色（臉上有很多雀斑），他的外貌不可能吸引和他同齡的女孩子，但戀物癖將他對女孩的幻想轉換成行動。

　　在警方前來處理內衣失竊案的時候，傑羅姆抓到了一個機會，他對鄰居家的一個女孩說，他正在配合警方調查內衣失竊案，他說服這名女孩一起到他家討論案情。在這名女孩來到他家之後，傑羅姆先和對方打了一個招呼，邀請對方坐下，然後便找了一個藉口離開了。在離開這名女孩的視線之後，傑羅姆迅速跑進另一個房間內戴上一副面具並拿了一把尖刀，他用這把尖刀抵著這名女孩的脖子，用武力逼迫女孩脫下衣服，女孩在傑羅姆的淫威之下脫了衣服，傑羅姆按事先制定的計畫拍了

這名女孩的裸照，隨後他便逃離了房間。在將凶器和面具藏好之後，傑羅姆迅速跑了回來，他拉著想要逃走的女孩試圖說服她，傑羅姆稱自己並不是那個戴面具的人，他剛才被一個陌生人鎖在了穀倉裡，他還假裝關心地問這名女孩是否受傷。女孩在逃回家後並沒有檢舉傑羅姆，他成功地逃脫了法律的制裁，這讓傑羅姆很得意，這種自以為成功的想法使他越來越狂妄。

在一次偶然的機會下，傑羅姆搭載了一名當地女孩，他很紳士地表示自己會送對方回家，但在途經一處農場的時候，傑羅姆心中的慾望再一次爆發了，他逼迫這名女孩脫衣服，但女孩拒絕了他並逃下了車。這讓傑羅姆很憤怒，他追上前狠狠地擊打這名女孩，他的行為被一對駕車途經此地的夫婦看到了，他們報了警，當地警方迅速趕到並抓捕了傑羅姆。

傑羅姆對自己的罪行供認不諱，警方在傑羅姆的臥室內發現了大量的女性內衣、高跟鞋以及隔壁女孩的裸照，這讓警方意識到傑羅姆還有其他罪行。在警方的盤問下，鄰居女孩終於指認了傑羅姆。在了解事情的始末之後，警察們認為這名處在青春期的男孩可能有著一定程度的心理問題，他們將傑羅姆送到了奧勒岡州立醫院接受治療，但讓他們萬萬沒有想到的是，這名男孩會在獲釋後成為一名變態慾望殺手。

大家可能對奧勒岡州立醫院並不熟悉，但大家一定都很熟悉電影《飛越杜鵑窩》中的精神病院。奧勒岡州立醫院就是該精神病院的現實投影。在這所醫院中，儘管傑羅姆將自己的精神狀況如實地告訴了精神科醫生（在傑羅姆的幻想中，他為自己打造了一座監獄，他把自己抓來的女孩全部關在這裡，他可以隨時隨地隨意享用監獄中的任一女孩），但他的這些幻想並沒有引起醫生的重視。他們允許傑羅姆白天回到學校

第四章　慾望殺人魔—被慾望控制的魔鬼

上課，晚上再來到醫院接受治療。在經過一段時間的觀察之後，他們認為傑羅姆的精神障礙只是暫時的，這種狀況只不過是傑羅姆成長過程中的一個階段，在他的人生觀成型之後，這些不切實際的幻想自然就會消失。

1957 年 1 月，在經過約 9 個月的精神治療之後，傑羅姆的主治醫生認為他患有輕度的思覺失調症，而這種程度的精神問題對社會來說是安全的，所以他們准許傑羅姆出院。傑羅姆出院後回到學校繼續完成自己的學業，儘管傑羅姆智商很高，而且在電子學方面有著很高的天賦，但他並沒有很強的學習欲望，這使傑羅姆的成績總是處於班級內的倒數幾名。

畢業後，傑羅姆因為成績太差而找不到工作，無奈之下他只好於 1959 年參軍。傑羅姆被分配在加利福尼亞州一個海灣的部隊服役，即便成了一名軍人，傑羅姆也從未停止過內心不切實際的幻想，長時間處在幻想世界裡使得傑羅姆不得不接受部隊心理醫生的治療，但心理醫生認為，此時傑羅姆的狀態並不適合待在部隊裡，他被勸退了。

退伍後，傑羅姆返回奧勒岡州與母親生活在一起，但他的母親不僅不歡迎他，還要求他住在屋子後面的一間破房子內。母親的冷淡態度和獨居的環境使傑羅姆重拾原來的壞毛病──偷女人的鞋子和內衣。慢慢地，這些行為再也不能滿足他心中的慾望，傑羅姆開始公然騷擾一些年輕漂亮的女孩。

一次，傑羅姆盯上了一名電話公司的職員，他等到這名女孩吃完午飯獨自一人返回辦公室的時候，突然衝出來，想要在光天化日之下抓走她。儘管女孩拚命反抗，但她依然被傑羅姆用手臂勒昏了，也許是因為

女孩的反抗嚇到了傑羅姆，也許是因為自己沒有搬運工具，傑羅姆拿了女孩腳上的高跟鞋後就逃跑了。FBI認為，此時的傑羅姆已經開始變得越來越危險了，他的這些行為帶給他的刺激會越來越弱，到後面，他就會做出更加變態、極端的事情。

回家後不久，傑羅姆在附近的一家廣播站找到了工作，他負責為這家廣播站維修電器設備。不久，傑羅姆的一位同事替他安排了一場相親，相親對象是一位年僅17歲、名叫拉爾芬（Ralphene Schwinler）的漂亮姑娘，傑羅姆對拉爾芬的長相非常滿意，他用甜言蜜語俘獲了拉爾芬的芳心，在拉爾芬看來，傑羅姆是一個浪漫而又有責任心的男孩。在得知拉爾芬懷孕後，她的父母只好在1962年將拉爾芬嫁給了傑羅姆。

在婚後的生活中，傑羅姆要求妻子在家裡做家事的時候不要穿衣服，她只能穿一雙高跟鞋，即使是在做飯的時候也是如此。此外，傑羅姆還禁止妻子進入他工作的地下室，那裡是他沖洗一些限制級照片的地方。年輕而又天真的拉爾芬對丈夫的各種要求都積極配合，她認為那是夫妻之間的情趣，但她所不知道的是，在傑羅姆的心裡，拉爾芬只是一個任由自己擺布的性玩偶。

在傑羅姆案發以後，很多人都不能理解拉爾芬的這一行為，FBI探員馬克則認為，在很多時候，人們總會下意識地將一些人的行為往好的方向想，特別是在嫁給某個人以後，即使對方的要求有些過分或者奇怪，但妻子總會在自己心裡為對方開脫，這種行為不僅是為了對方，也是一種下意識的自我保護。

傑羅姆的工作不是很穩定，這讓他們不得不經常搬家，慢慢地，拉爾芬開始拒絕傑羅姆的「換裝和攝影遊戲」。妻子的不配合使得傑羅姆

第四章　慾望殺人魔—被慾望控制的魔鬼

不得不尋找新的對象來滿足自己心中的性幻想，他開始偷偷穿女人的衣服，有時他甚至會穿女性內褲去上班。

在波特蘭的一次偶遇，讓傑羅姆有了一個新的目標，他偷偷跟著這名女孩回到她的公寓。傑羅姆藏在這名女孩居住的公寓外等待著對方休息，在確認這名女孩睡下之後，傑羅姆悄悄潛入女孩的房間內，他開始偷這名女孩的衣服，但就在這時，女孩驚醒了。慌亂之下，傑羅姆故伎重施，將這名女孩勒昏，然後強姦了她。

這件事情發生後，這名女孩並沒有報案，傑羅姆又一次逃脫了法律的懲罰。此時的傑羅姆已經 28 歲了，他的第二個孩子也在不久前出生，拉爾芬每天都忙著照顧兩個孩子，她根本沒有時間關心傑羅姆在做些什麼。為了引起妻子的注意，傑羅姆在家裡顯眼的地方擺上了一些自己穿著絲襪或高跟鞋的照片，這些照片的內容讓拉爾芬目瞪口呆，但她選擇視而不見。傑羅姆發現自己不能引起妻子的注意或者質問之後，他就將大部分時間花在了地下室內。

1968 年 1 月 26 日，19 歲的琳達・史勞森（Linda Katherine Slawson）在傑羅姆家居住的社區內推銷《百科全書》。琳達在一處院子內發現了傑羅姆，傑羅姆對琳達手中的《百科全書》表現出了很強的興趣，琳達認為傑羅姆是一個意向客戶，於是她就跟著傑羅姆進了屋子。傑羅姆以不想打擾家人休息為由將琳達引到了地下室，他故意走在琳達的身後，等到琳達走進地下室，準備將書放下的時候，傑羅姆拿起木棍狠狠地打中了琳達的頭。琳達並沒有被打死，傑羅姆將她吊了起來，讓她慢慢窒息而死。在做完這些之後，傑羅姆回到樓上，他給了妻子一些錢，讓她帶著孩子去外面吃些東西。

在把家人全部支開以後，傑羅姆就可以自由處理已經被勒死的女孩，他將在這名女孩身上滿足自己的性幻想。傑羅姆替這名已經死去的女孩穿上自己收集的女性內衣和高跟鞋，然後他開始為這具經過自己打扮的屍體拍照。時間到了深夜，傑羅姆在確認自己的家人已經熟睡之後，他將琳達的屍體綁在一個報廢的汽車變速器上，然後將這具屍體丟進了威拉米特河的支流。

第二天，琳達·史勞森的家人聯合警方一起搜索了多個地方，但他們依然沒能找到失蹤的琳達·史勞森（警方和琳達的家人並不知道琳達已經死亡）。

第一次殺人就如此輕易地逃脫了警方的視線，這讓傑羅姆很興奮，他的生活又一次恢復了正常，但是在10個月之後（FBI認為這10個月就是傑羅姆的「冷卻期」，隨著作案次數的增多，「冷卻期」會越來越短），傑羅姆再一次伸出了罪惡的魔爪。在「冷卻期」內，傑羅姆一家搬遷到了賽勒姆市，他的新房子擁有一個獨立車庫，這讓傑羅姆很興奮，他終於擁有了一個理想的工作室。

1968年11月26日夜，傑羅姆在下班回家的路上偶遇了簡·懷特尼（Jan Susan Whitney）。簡的車子在五號州際公路上拋錨了，傑羅姆發現了機會，他幫助簡檢查車輛之後，向簡保證他會修好她的車子，但他需要回家拿一件工具。傑羅姆帶著簡去了自己家，他讓簡待在車裡，自己下車去拿工具。在傑羅姆回來的時候他直接坐到了簡後面的座位上，他拿出了一根皮帶迅速地勒在簡的脖頸上，並在簡用力掙扎的時候強姦了她。

在簡死亡之後，傑羅姆把簡的屍體像掛臘肉一樣掛在了車庫裡。他保留簡的屍體長達5天，在這期間，他除了替簡拍照以外，還多次凌辱

第四章　慾望殺人魔—被慾望控制的魔鬼

簡的屍體。慢慢地，傑羅姆開始厭煩自己的「戰利品」，他以同樣的方法將簡的屍體丟進了威拉米特河支流。

1969年3月27日，傑羅姆選定了一個新獵物。傑羅姆在賽勒姆市的一家百貨公司的停車場內發現了一名女孩，這名叫凱倫·史賓格（Karen Elena Sprinker）的女孩是奧勒岡州立大學的一名在校學生。凱倫來到百貨公司是為了和自己的母親共進午餐，但就在她途經停車場內一個偏僻角落的時候，傑羅姆突然衝了出來，抓住了凱倫，他手持一把假槍將凱倫挾持到自己的工作室。

在這裡，傑羅姆逼迫凱倫脫下自己的衣服，然後換上自己收藏的各種衣服和高跟鞋。傑羅姆特意製作了一個繩圈，這個繩圈可以套住被害人的脖子，他將繩子的另一頭繫在一個滑輪上，這樣他就可以將被害人吊在任意高度。在滿足了自己的性幻想之後，傑羅姆將凱倫懸在了距離地面七八公分的位置，然後他會選擇去樓上吃東西或者看電視，他要等被害人在孤獨和痛苦中慢慢窒息死亡。

4月21日，傑羅姆盯上了一名叫莎朗·沃特曼（Sharon Waterman）的女孩，他悄悄尾隨莎朗來到了位於波特蘭市的中央大學停車場。在這裡傑羅姆試圖綁架她，他用槍指著莎朗，嚴厲禁止莎朗大聲喊叫。為了更方便地挾持莎朗，傑羅姆用自己的手臂夾住了莎朗的脖子，但他的這一舉動讓莎朗十分緊張，莎朗奮力反抗並在無意之中咬到了傑羅姆的大拇指。傑羅姆憤怒地擊打莎朗的頭部，直到莎朗放開他的手指。莎朗的反抗超出了傑羅姆的意料，他同樣被嚇壞了，傑羅姆迅速地丟下莎朗逃走了。儘管傑羅姆的這次綁架沒能成功，但他還是在不引起他人注意的情況下逃走了。事後，儘管莎朗報了案，但警方並不曾將莎朗的遇襲與其他幾位女孩的失蹤連繫起來。

傑羅姆再一次出擊了，這一次他選擇的目標是一名12歲的學生——葛洛莉雅·史密斯（Gloria Smith）。在葛洛莉雅獨自前往學校上課的時候，傑羅姆拿著手槍挾持了她，在傑羅姆將她帶往自己汽車的路上，他們經過了一戶人家，而一名女士恰好在路邊的花圃內修剪花草。葛洛莉雅突然大聲呼救，她用力掙脫了傑羅姆的挾持並拚命向路邊的女士跑去，在葛洛莉雅掙脫的一瞬間，傑羅姆也趕快逃跑了。兩次綁架失手，使傑羅姆意識到自己需要更巧妙的手段引誘這些女孩。

　　傑羅姆在黑市購買了一枚假的警察徽章，他拿著這枚徽章開始在波特蘭市附近的大型購物中心內物色獵物。很快，一名抱著生日禮物的女性走進了傑羅姆的視線，這名叫琳達·塞利的22歲女性正準備替自己的男朋友慶生。傑羅姆在琳達開啟車門的前一刻叫住了她，他向琳達出示了自己的假警官證，聲稱自己正在調查一些入室盜竊案，他希望琳達配合他做進一步的調查。儘管有些不情願，琳達還是跟著傑羅姆走了。傑羅姆駕車將琳達帶到了位於賽勒姆市的工作室內。

　　傑羅姆先將琳達捆在工作室內，隨後便去樓上吃晚餐。等到他返回工作室的時候，他發現琳達已經將繩子解開了，但她並沒有逃走，她以為傑羅姆會放了她。琳達錯了，傑羅姆不僅沒有放了她，反而用繩子將她吊了起來。他以同樣的方法侮辱了琳達，在做完這一切之後，傑羅姆將琳達吊死了，他把屍體以相同的方法丟棄在威拉米特河的支流裡。在這一次的狩獵中，傑羅姆並不認為很完美，所以他除了留下琳達的裸照之外，並沒有保留琳達身上的其他物品。

　　在傑羅姆揚揚得意認為自己的智商已經超過警察的時候，琳達·塞利的屍體被發現了。不久，警方又在距離塞利屍體不遠的地方找到了凱倫·史賓格的屍體。這兩具屍體都是被綁在變速箱上沉入水底的，而

第四章　慾望殺人魔─被慾望控制的魔鬼

　　導致被害人死亡的方法都是勒死，這讓警方意識到兩起案件是同一人所為。社區內隱藏著一個連環殺手的消息很快被曝光了，但傑羅姆並不緊張，他相信自己沒有向警方留下任何線索。警方發現屍體身上所打的繩結很特殊，這種繩結一般只有電工綁電線的時候才會使用（一般人不會打這種結），警方立即將視線鎖定在了社區內所有電工的身上。

　　在警方排查社區內電工的時候，另一隊聯邦特務趕到社區附近的大學，詢問這裡的女學生是否看到過一個陌生男子在附近活動。很快，他們就從一個女孩那裡得知了一個奇怪的人。這個人自稱是一名退伍軍人，但他在聊天的時候總是想要讓自己跟他去他的工作室。這個消息立即引起了特務們的注意，他們提醒這名女孩，如果這個男人再來找她的話，一定要馬上通知警方。果然，這個人又聯絡了這名女孩，特務們迅速趕到，但這名男子在看到 FBI 之後並不慌張，他顯得很平靜，這個人就──傑羅姆‧布魯多斯。

　　特務們在對傑羅姆進行調查之後發現，他是一名電工，而且他還曾因為襲擊女童和偷竊女性衣物被送進精神病院接受治療。這讓警方馬上將他列入嫌疑人範圍內，為了印證內心中的猜測，特務們決定去傑羅姆的家裡走一趟。他們在無意中來到了傑羅姆的車庫旁，在這裡，一名特務發現了和被害人身上一模一樣的繩子。這讓特務們馬上印證了心中的想法，他們知道眼前的這個男人很有可能和這幾名女孩的死有關。

　　當時，特務們並不曾申請搜查令，如果他們不能帶走一些繩子進行調查，那他們就缺少最有力的證據，但讓人意想不到的是，傑羅姆主動幫他們解決了這一難題。傑羅姆明顯發現了特務對他的繩子很感興趣，他主動割了一段繩子送給特務。在嫌疑人的幫助下，警方迅速確定，傑羅姆家的繩子就是被害人身上所使用的繩子。

傑羅姆雖然很相信自己的智商，但警方的突然造訪還是使他有些緊張，於是傑羅姆祕密造訪了律師戴爾·德雷克（Dale Drake），從律師那裡他知道，如果他真的與這些女孩的死有關，那他就不應該讓警方搜查他的家或者他的車。傑羅姆牢牢記住了律師的建議，他將自己的車子弄溼，並將所有與案子相關的東西藏了起來。

當警方申請到搜查令，再次來到傑羅姆家時，他們沒能找到更有效的證據。警方迫切地需要找到一個理由逮捕傑羅姆，因為他們覺得傑羅姆很可能會逃往加拿大。這時警方想到了那個曾經被挾持的12歲學生——葛洛莉雅，如果葛洛莉雅能夠指認傑羅姆，那警方就可以用綁架的罪名將傑羅姆扣押。葛洛莉雅一眼就認出了傑羅姆，她指認了他。

1969年5月30日，警方在距離加拿大邊境644公里地方逮捕了傑羅姆，當時他藏在車子後面的毯子內。

儘管警方所掌握的證據都指向了傑羅姆，但他一直保持沉默，警方決定利用他自大的特點引誘他講出實情。警方在審訊傑羅姆的時候，以假設案情的方法誘導傑羅姆講出實情，傑羅姆很享受掌控談話節奏的感覺，他在不知不覺中鬆口了，他以向警方炫耀，並糾正警方假設的方式，承認了自己所犯下的全部案件，甚至提到了一些警方沒有查明的案情細節。

在警方的紀錄中，我們可以清楚地看到，傑羅姆對自己的行為沒有絲毫的悔過之心，他認為被他殺掉的那些女孩對他來說只不過是一些物品。他把這些女孩比作是糖果包裝紙，既然糖果已經吃掉了，那還留著包裝紙做什麼？警方在收集到足夠的證據後，馬上起訴了傑羅姆·布魯多斯。但此時，傑羅姆依然不肯放棄，他對警方講自己曾患有精神疾病，他聲稱自己是一個瘋子，但精神科專家在對他做了7項評估之後，

第四章　慾望殺人魔—被慾望控制的魔鬼

認定他不能被定義為法律意義上的精神病患者。1969 年 7 月 27 日，傑羅姆出庭接受審判，在法官面前，他承認了所有指控，法官判處傑羅姆終身監禁。

2006 年 3 月 29 日，67 歲的傑羅姆・布魯多斯死於肝癌，這名凶殘的、冷血無情的慾望殺手，終於在獄中結束了自己罪惡的一生。

第五章　惡魔之子
——「黃道十二宮」殺手

1969 年 12 月 20 日，金牌律師梅爾文・貝利收到了「黃道十二宮」殺手的求救信（第 8 封），在信中，殺手稱他快要控制不住自己了，他的殺戮欲望就要戰勝他了。雖然梅爾文表示他願意幫助殺手，但殺手並沒有回應他。

第五章　惡魔之子─「黃道十二宮」殺手

在 1960 年代末的美國，曾頻繁出現許多惡性案件，其中又以「黃道十二宮」殺手（Zodiac Killer）最令人矚目，他主要活躍於美國加州北部。「黃道十二宮」殺手又被稱為「黃道星座殺手」、「黃道殺人魔」、殺手中的「墮落天使」、「上帝之手」以及「惡魔之子」。該殺手的殺人邏輯以及作案手段異於常人，他從不給警方留下任何線索，現場的大多數線索都是他故意製造的偽證。該殺手熱衷於向警方或者媒體炫耀自己的殺人經過，這無疑是殺手中的一個異類。

「黃道十二宮」殺手繪製了一個能夠代表自己的特殊圖案，在他的作案現場或者在他寄送給警方的信件中，都會出現這個圖案，以此來表明身分。在有些信件中，還包含著一些殺手透過星象文字、通靈符號等各種字元組合而成的密碼。殺手聲稱如果警方破譯了這些密碼，那麼他們就可以抓到他。為此警方還專門聘請了軍方的密碼專家進行破譯，但這些資訊對警方破獲「黃道十二宮」系列案件的幫助不大，最後此案成了美國歷史上聲名最大的懸案之一。

1968 年 12 月 20 日，17 歲的高中生大衛‧亞瑟‧法戴爾（David Arthur Faraday）在週末來臨之際精心策劃了一次約會，如果一切順利，那他將和他的女友度過一個令人難忘的週末。這一天，大衛早早地駕車來到女友貝蒂‧洛‧詹森（Betty Lou Jensen）家的公寓外，他要在這裡等著貝蒂。

貝蒂是一名容貌嬌美而又可愛的 16 歲女生，她對父母稱自己要和大衛一起去參加霍根中學舉辦的聖誕晚會，隨後可能還會去參加一個舞會，大約會在晚上 11 時之前回家。貝蒂的父母准許了她的請求，並提醒她要注意安全。

晚上8時左右，貝蒂搭乘大衛的車子出發了，但他們並沒有去參加聖誕晚會，而是駕車駛向大衛的一個朋友家。晚上9時30分左右，大衛和貝蒂告別朋友駕車前往一家汽車餐廳休息。10時15分，大衛駕車將貝蒂載往當地有名的「情人小徑」——位於赫曼湖路旁的一處避車島，這裡是年輕情侶約會的好去處。貝蒂和大衛在這裡待了將近一個小時，正當他們準備離去的時候，意外發生了。

11時10分，一位陌生人悄悄接近了大衛的車子。這名陌生人手裡拿著一把口徑為22公釐的半自動手槍，接近車子以後，迅速舉起手槍朝著右側車窗的中心位置打了一槍，但這一槍只擊碎了車玻璃。凶手迅速走到車的左側，對著左後車輪再打一槍，這一槍的目的是為逼迫大衛和貝蒂從右側車門逃走。

年輕單純的貝蒂、大衛被這巨大的槍聲嚇壞了，貝蒂慌忙開啟了副駕駛旁的車門鑽出了汽車，大衛也緊隨貝蒂向外逃去。就在大衛從駕駛座位爬向副駕駛車門的時候，凶手從左側車門的車窗中探身來到了大衛身後，他用槍抵住大衛左耳偏後的位置開了一槍，子彈瞬間擊穿了大衛的頭骨，將大衛擊倒在車上。

大衛的慘狀嚇壞了貝蒂，她不顧一切沿著公路朝北跑去，而凶手等她逃了大約有3公尺多的距離之後突然連射5槍，所有的子彈全部打在了貝蒂的脊背上（後來警方據此推斷凶手對自己的槍法很自信，他的槍法極好），做完這一切之後，凶手從容離去。

11時19分，住在「情人小徑」附近的史黛拉·柏格斯發現了倒在血泊中的貝蒂，她急忙向警方報案。兩名在當地巡邏的治安官首先趕到案發現場。此時身中5槍的貝蒂已經死亡，大衛還有微弱的呼吸，但他同

第五章　惡魔之子—「黃道十二宮」殺手

樣沒能逃過一劫。12 時 05 分，大衛在被送往醫院的途中死亡。警方在勘查現場之後並沒能得到有效的線索，他們僅僅透過凶手射出的子彈判斷出，凶手可能持有一把口徑 22 公釐的 J. C. 希爾金 80 式手槍或者是一把高標準（經過專業除錯）的 101 式手槍。

1969 年 7 月 4 日，達琳・伊莉莎白・菲林（Darlene Elizabeth Ferrin）準備和她的丈夫迪恩・菲林在週末邀請一些朋友來家裡參加一個小型派對。由於達琳和迪恩都在餐飲行業工作，所以達琳決定親自準備食物，並且她想要在派對舉行的時候燃放一些煙花來助興。

達琳是一個做事雷厲風行的女人，她想到就做。當天午夜，達琳獨自驅車前往購物中心購買派對所需的東西。在路上，她突然想到自己可能需要一位男士幫忙搬東西，於是她先去了伍德大道 864 號，這裡是麥可・雷諾・馬喬（Michael Renault Mageau）的住所。19 歲的麥可是達琳的傾慕者之一，儘管他剛剛認識達琳，但他毫不猶豫地上了達琳的車。

當達琳發動汽車從伍德大道出發的時候，原本停靠在伍德大道樹蔭處的一輛淺色小汽車馬上跟了上來，它尾隨達琳的汽車向前開。達琳和麥可很快意識到自己很可能被跟蹤了，他們不斷地加速、轉彎，試圖甩掉緊跟在身後的小汽車。慌亂之下，達琳並沒注意到自己將車子開到了赫曼湖路附近、瓦列霍郡城郊的一個名叫藍岩泉的高爾夫球場。他們決定將車子停靠在球場內的停車場中，想要看一看一直緊跟在自己身後的人到底是誰。

此時，那輛淺色的汽車也追了上來，這輛車沒有開車燈，陌生人準確地找到了達琳停車的位置，並將自己的車子停在達琳車子的後面。當時麥可看到這輛車的前保險槓已經和達琳車子的後保險槓持平，他認出

這輛車是1958～1959年產的福特獵鷹，開車的是個男人。

就在達琳驚疑不定的時候，這輛形跡詭異的汽車突然加速離開了，但還沒等達琳鬆一口氣，這輛已經駛離的車輛重新開了回來，這次它停在了左側並且開啟了車燈，前保險桿緊靠達琳車子的尾部。

這種停車技巧讓麥可誤認為駕車的人是一名巡警（美國交通治安巡警經常使用這種停車的小手段），與此同時，這輛車內射出了一道灼目的強光，麥可隱約看到一名男人推開車門走了下來，他手裡拿著一個大號強光手電筒，他一邊向達琳的車子靠近，一邊用手電筒輪流掃射麥可和達琳的眼睛，麥可更加確信車內走下來的是一名警察，他趕緊讓達琳尋找相關證件。

當這名「警察」走到車子右側的時候，達琳剛好將這一側的車窗搖了下來，「警察」沒有說任何話，他舉起手開了槍，劇烈的槍聲先後持續了十幾秒，第一發子彈在穿過麥可後又擊中了達琳，達琳身中9槍，除了左右臂各中兩槍之外，其餘5發子彈全部擊中背部，並穿透她的心肺。麥可左腿、右腿、左臂和頸部各中一槍，其中一顆子彈從他的右臉頰射入並擊穿了他的下顎骨以及舌頭，隨後這顆子彈又從他的左臉頰穿出。

15分鐘後，警方接到報案，趕往案發現場。他們將達琳和麥可送往醫院救治，當晚12時38分，達琳搶救無效死亡，麥可則因沒有被擊中要害逃過一劫。警方推測，凶手可能擁有一支白朗寧自動手槍，警方又從麥可的口中得知了凶手的大概相貌（儘管有強光燈，可是凶手開槍的時候距離麥可很近）。

警方調查發現，達琳和貝蒂曾在同一所高中上學，而達琳是該校剛畢業不久的學生，這一線索使警方認為此案與六個半月前發生的案件是

第五章　惡魔之子—「黃道十二宮」殺手

同一人所為。當晚 12 時 40 分，一名自稱凶手的人在瓦列霍郡治安官辦公樓下使用付費電話亭撥打了警察局電話，他向接線員報告了藍岩泉謀殺案的時間地點以及所使用的槍支，並且他還稱去年在「情人小徑」殺死貝蒂的人也是自己，但警方並沒有抓到他。

1969 年 7 月 31 日，《瓦列霍先驅報》、《舊金山記事報》、《舊金山觀察者報》分別收到了由一名自稱為「黃道十二宮」殺手的人寄來的三封信。在信中，殺手聲稱自己會對赫曼湖路和藍岩泉凶殺案負責，但需要警方將三封信中所包含的共計 408 個字元組成的密碼破解，殺手稱只要警方能夠破解這些密碼，那麼他們就可以得知凶手的真實身分。他還要求報社將自己所繪製的「十二宮」殺手圖示刊登在報紙的頭版，否則他就會在每一個週末的夜晚尋找獨行的人並將他殺掉，一直到殺夠 12 個人為止。

《舊金山記事報》在第二天出版的第四頁報紙上刊登了「黃道十二宮」殺手的信件並在文章的結尾引述了瓦列霍警察局局長傑克·施提爾茲（Jack E. Stiltz）的原話：「我們不能確信，這封信就是凶手寫的。」施提爾茲局長還要求寫信人繼續寫下一封信以提供更多的線索來證明他的身分。

1969 年 8 月 7 日，《舊金山觀察者報》又一次收到了一封「黃道十二宮」殺手寄來的信。凶手在信裡使用了敬語，他向報社提供了更為詳細的殺人過程以及一些警方沒有向外公布的案件資訊，他還在信的末尾向警方傳達了一個口信，他說只要警方能夠破解他的程式碼，那麼警方就能抓到他。

1969 年 8 月 8 日，加州薩利納斯的唐納德和貝蒂·哈德（Donald and

Bettye Harden）破解了這組密碼，但是密碼中並沒有凶手的真實名字。

1969年9月27日，就讀於納巴郡安格溫市太平洋聯合大學的22歲女生西西莉亞・安・雪柏（Cecelia Ann Shepard）正在準備轉學事宜。從小熱愛音樂的她想要轉學到加利福尼亞州河濱市的加利福尼亞大學學習聲樂。這一天，她的男朋友布萊恩・卡爾文・哈特奈爾（Bryan Calvin Hartnell）來幫西西莉亞收拾行李。在這即將告別的時刻，這對情侶準備在吃完午飯後一起外出遊玩，他們原本計劃要去舊金山，但因一些其他原因轉而去伯耶薩湖遊玩。下午4時左右，情侶二人駕車來到了伯耶薩湖附近，他們在距離馬路近500公尺的一塊空地上找到了一個可供休息、野餐的好去處，西西莉亞和她的男朋友在這裡待了將近一個小時。

傍晚時分，躺在樹下的布萊恩和西西莉亞突然發現一個身材粗壯的陌生人從橡樹後走了出來，這個人頭上戴著一個遮住雙肩的無袖黑色頭套，頭套頂部是方形的。從外形上來看，這個頭罩就像是一個挖了三個窟窿的正方形紙袋，布萊恩透過這三個孔看到，這名陌生人還戴有一副夾式眼鏡。

這名怪異的男人在前胸和後背處都罩了一塊布（這塊布就像是人們在做飯時圍在胸前的圍裙一樣），布的上面畫了一個非常醒目的圖案（一個圓圈，圈內有一個7.6×7.6公分大小的十字，十字的四角突出圓圈之外），男人腰部的右側斜背了一柄鋼刀，刀柄上面纏著白色的藥用紗布，左側則別著一個已經開啟的槍套，藍色的鋼製手槍就在這名男人的手中，他的腰帶上還掛著一圈長短各異的白色繩子。

這名男子直接走到布萊恩面前，他對著布萊恩說道：「我剛逃出蒙大拿監獄，我受夠那裡了，警察總是想方設法地拷問我，想要從我口中

第五章　惡魔之子—「黃道十二宮」殺手

得知一些莫名其妙的資訊，所以我殺了一名獄警逃到這裡，現在我需要你的車和錢逃往墨西哥，你們乖乖地把錢和車給我，否則我會殺了你們！」

布萊恩和西西莉亞不敢反抗這名強壯而又持有槍械的暴徒。布萊恩遵循這名暴徒的命令趴下，西西莉亞則用暴徒丟來的繩子將布萊恩捆了起來，隨後這名暴徒又將西西莉亞捆了起來，當布萊恩和西西莉亞以為這名暴徒會就此放過他們時，暴徒突然抽出腰間的刺刀大聲說：「我要用刀狠狠地捅你們！」話音未落，暴徒就將刺刀捅進了布萊恩的身體，布萊恩身中6刀，西西莉亞身中24刀。

在做完這一切之後，凶手將錢和車鑰匙丟在地上離開了。儘管布萊恩和西西莉亞都受了很嚴重的傷，可是他們還保持著清醒，布萊恩用嘴將捆綁西西莉亞的繩索解開，西西莉亞再將捆綁布萊恩的繩索解開，他們開始大聲呼救，布萊恩一直爬到公路上求救。最後他們被公路巡邏人員發現，但伯耶薩湖區附近沒有醫院，警方只能將布萊恩和西西莉亞轉移到其他地方。一直到兩個小時後，布萊恩和西西莉亞才被送到醫院接受治療。

當晚7時40分，一名自稱是凶手的人向納巴郡警局打了一通電話，他在電話中詳細講述了這起謀殺案的內容，警方再次將這起案件與「黃道十二宮」殺手連繫在一起。

1969年10月11日，晚上9時55分，在舊金山大街上開計程車的29歲青年保羅・李・史坦恩（Paul Lee Stine）載到了一個身材粗壯的男子。當時這名男子正待在派恩克薩斯特餐廳外的一個遮陽棚內，在看到保羅的計程車後，他攔下了這輛車。這名男子上車後，讓保羅駕車開往

蒲賽迪高地住宅區。保羅將這個地址輸入了行程記錄器並開始計價，隨後他將這名男子載往他要去的地方，但就在計程車快要到達目的地的時候，這名陌生乘客突然要求司機再往前開一個街區。

對於乘客的突然要求，保羅並沒有感到奇怪，因為很多人都會這樣占一點小便宜，他繼續按照乘客的要求向前又開了一個街區，就在計程車停靠在華盛頓大街與楓樹街交叉口時，這名陌生乘客突然拿出了一把槍，他將槍口貼在保羅右耳前的臉頰上後，立刻開了一槍。保羅頭部中彈，當場死亡。

殺死保羅之後，凶手開啟車門走出，又從車右側進入計程車，他把保羅按在自己的腿上，搜查了保羅全身，最後他拿走了保羅的錢包並從保羅身上撕下了一條染血的布，他用這塊布將整輛車上自己可能接觸過的部位全部擦了一遍。全部擦完之後，凶手鎖上車門不疾不徐地向蒲賽迪地區走去。

他所不知道的是，在這條街對面的一棟房子內，有 3 名孩子目睹了他行凶的全過程。晚上 9 時 58 分，3 名孩子向警方打電話報案，接線員誤將孩子口中的白人男子寫成了黑人男子。當晚 10 點，在當地警方趕往犯罪現場的時候，有兩名巡警恰好在蒲賽迪地區附近的街道上巡邏，而且他們看到了這名行凶男子，但他們收到的情報是抓捕一名黑人男子，因此他們上前詢問凶手是否看到一名持槍的黑人男子，在得到凶手的提示之後，他們並沒有詳細地詢問或者盤查對方，而是向著凶手指示的方向衝了過去。

凶手就這樣大搖大擺地逃脫了警方的包圍。無奈之下，警方只好透過幾個目擊證人的口述，繪製了凶手的模擬畫像。

第五章　惡魔之子—「黃道十二宮」殺手

　　1969年10月14日,「黃道十二宮」殺手再次向《舊金山記事報》寄去了第5封匿名信,他在信中詳細講述了自己殺害計程車司機的過程,為了證明自己講的是真話,「黃道十二宮」殺手還在信封內附了他從被害人襯衫上撕下來的布條,以此來證明他就是最近幾起凶殺案的凶手。在這封信中,凶手除了諷刺警察的搜捕行動就像是「一場瘋狂的車賽」以外,他還恐嚇警方說自己已經盯上了學校,他認為校園內的小孩子是不錯的獵殺對象。

　　此時「黃道十二宮」殺手所引起的恐慌達到了頂峰,警方為了防範這個神祕殺手的獵殺行動,先後組建了70多個全武裝戰鬥小隊,將他們分布在各個校園內,以此來保護孩子們的安全。

　　1969年11月8日,黃道十二宮殺手向《舊金山記事報》寄去了第6封匿名信,他在信中稱自己不被他人關注的時候是如此的孤獨,他還在信的末尾新增了一組由340個符號組成的密碼。

　　第二天,《舊金山記事報》再次收到了第7封匿名信,這封信長達7頁。在信中,「黃道十二宮」殺手講述了他殺人的目的——為自己收集奴隸(他認為他殺死的人都會在死後變成自己的奴隸)。他聲稱自己擦車是為了製造偽證,並指出警方已經掌握了他的指紋這個消息是假的,他還表示自己所使用的武器是在《聯邦槍支控制法案》生效之前從郡外購買的,所以警方是不能從這上面得到有用資訊的。他還認為自己只有在殺人的時候才會變成通緝畫像上面的樣子,凶手還將這些警察比喻成一群穿著藍色衣服的「肥豬」,在他的眼中,自己是不可能被警方抓到的。在信的最後,「黃道十二宮」殺手還稱自己已經製作了定時炸彈,他會將這些炸彈隨機放在巴士或者校車途經的地方引爆。

1969年12月20日，金牌律師梅爾文·貝利（Melvin Belli）收到了「黃道十二宮」殺手的求救信（第8封），在信中，殺手稱他快要控制不住自己了，他的殺戮慾望就要戰勝他了。雖然梅爾文表示他願意幫助殺手，但殺手並沒有回應他。洛杉磯警方在殺手作案的這一時期內一共調查了將近2,500名嫌疑人，但他們並沒有獲得有效的資訊。

　　1970年，FBI派遣資深探員傑克·姆拉納克斯（Jack Mulanax）接手此案。此後從1970年4月21日起，「黃道十二宮」殺手又先後寄出了第9封、第10封（4月29日）、第11封（6月29日）、第12封、第13封（於7月27日同時寄出）、第14封（10月6日）、第15封（10月28日）、第16封（1971年3月15日）、第17封（3月22日）、第18封（1974年1月30日）、第19封（6月4日）、第20封（7月8日）、21封（1978年4月25日）等，共計13封匿名信件。

　　此後，「黃道十二宮」殺手就此沉寂，再也沒有出現或者發表任何宣告。儘管警方在此期間內找到了近8名重點懷疑對象，但他們依然沒有足夠的證據證明這8個人中的某一個就是「黃道十二宮殺手」。

　　就當大家以為事情到此結束的時候，34年後的一天，一名居住在美國加州、名叫丹尼斯·考夫曼（Dennis Kaufman）的男子突然向FBI提供了一條非常重要的線索，他發現他的繼父很可能就是警方苦尋無果的「黃道十二宮殺手」。

　　據丹尼斯稱，在他5歲的時候，傑克·塔蘭斯（Jack Tarrance）成了他的繼父。2006年，傑克·塔蘭斯自然死亡，丹尼斯在整理傑克遺物的時候竟然發現了數件奇怪的物品，這些物品有傑克曾經留下的親筆便條（經FBI檢驗，該筆跡與「黃道十二宮殺手」筆跡相同）、一些死人屍體的

照片、一把帶有血跡的匕首以及一盤錄音磁帶。在這盤磁帶中，傑克稱自己就是「黃道十二宮殺手」。最讓人感到吃驚的是，包裹這些遺物的物品是一個很大的黑色頭罩，這個頭罩前面還畫著代表「黃道十二宮」殺手的特殊標記。經 FBI 認證，這個頭罩就是凶手作案時所戴的那個頭罩。這些證據讓 FBI 非常感興趣，他們決定重啟此案。

2009 年 6 月 26 日，FBI 透過 DNA 檢測證實傑克的 DNA 與當年案發現場所遺留下來的 DNA 片段吻合，他們對外宣布傑克‧塔蘭斯就是「黃道十二宮殺手」，但這份檢驗報告在 2010 年 4 月分被推翻，有人指責洛杉磯警方儲存 DNA 的方法和檢測結果都是不正確的，但經 FBI 反覆確認之後，他們認為傑克‧塔蘭斯就是該案的最大嫌疑犯。

第六章 「最危險的殺手」
—— 邪教組織連環凶殺案

曼森不允許教眾們睡覺,強迫這些年輕人在長期失眠的情況下喪失自主意識,並使用音樂和迷幻藥來催眠他們,以此來達到完全掌控這些人的目的。這些人就是曼森最初的班底,也就是美國歷史上臭名昭彰的「曼森家族」的前身。

第六章 「最危險的殺手」—邪教組織連環凶殺案

1960年代，在美國興起了一股「披頭四」熱潮，大多數美國青年人都十分喜愛這項音樂運動，他們瘋狂迷戀披頭四的音樂。在這個年代除了名噪一時的披頭四音樂之外，還曾經出現過一個極其邪惡的組織，該組織的領袖名叫查爾斯·米爾斯·曼森（Charles Milles Manson），他是一個極其危險又極度變態的人，他所控制的邪教組織「曼森家族」，更是喪心病狂、殺人如麻。曼森曾經組織策劃過多起連環殺人案，被美國官方冠以超級殺人王的名頭，是當時美國政府最痛恨的罪犯之一。

在查爾斯·曼森的一生中，曾擁有過很多頭銜，他不但是「監獄的常客」，還是一些人心目中的「心靈導師」，更成立了一個以自己的姓「曼森」來命名的家族。他成立該家族之後，組織策劃了兩起震驚美國的連環殺人案（美國警方認為曼森不止這些罪行），這兩起案件的破獲正式將曼森的罪行公之於眾。和大多數連環殺手都不曾擁有一個幸福童年一樣，曼森在年幼的時候同樣不曾有過幸福。

1934年，年僅16歲的未婚少女凱薩琳·馬道克斯（Kathleen Maddox）在俄亥俄州的辛辛那提市生下了查爾斯·馬道克斯，不久之後凱薩琳攜子嫁給了一名叫威廉·曼森（William Manson）的工人，查爾斯·馬道克斯也就改姓為查爾斯·曼森。曼森可能從一生下來就沒有見過自己的親生父親，他的生父曾經在一份法院判決書中以克羅納德·史考特（Colonel Scott）的名字出現，但沒有人見過他的真面目。據曼森說，他的親生母親是一個嗜酒如命的女人，這個所謂的母親曾經為了一瓶啤酒就將曼森送給了一名無子女的酒吧女招待，後來還是曼森的舅舅將他接走。

1939年，曼森的母親在西維吉尼亞的查爾斯頓因搶劫被捕，並被判刑5年之久，年僅5歲的曼森只好搬去西維吉尼亞州的麥克梅肯，和他

的舅舅、舅媽一起生活。1942年曼森的母親獲得假釋，她將曼森接回自己身邊，母子二人在一家廢棄的旅館中生活。在曼森的回憶裡，這段時間母親曾給過他溫暖的擁抱，這個擁抱就是他童年生活中唯一的幸福回憶。

1947年，曼森的母親試圖將曼森送給一戶人家收養，但沒有成功，之後法院將曼森安置在印第安那州特雷霍特市的吉寶特男子學校，但只經過了10個月，曼森就從該學校逃了出來。逃出學校的曼森希望重新回到母親的身邊，卻遭到了母親的拒絕，隨後她將曼森寄養在他的阿姨家。雖然他的阿姨是一名虔誠的教徒，但他的姨丈卻是個心理病態患者，他以凌辱曼森為生活樂趣，不但經常取笑曼森，還將曼森打扮成女孩子，然後對他進行辱罵。

幼年顛沛的生活和姨丈的暴行導致曼森經常流浪街頭，在大多數人人格養成的時期，曼森卻缺乏正常的教導，這不僅使他的人格和心理出現扭曲，還讓他開始仇視社會。對於曼森來說，生活到處充斥著不公、淫亂、欺騙和弱肉強食，這對他的未來影響極大，可以說，在所有導致曼森一步步走上犯罪道路的因素中，童年悲慘的遭遇是最重要的誘因。

年幼的曼森已經是偷盜能手了，他使用自己偷來的錢財在一家旅社內租了一間屋子作為自己的住處。在一次偷盜腳踏車的過程中，曼森被警方抓獲，並被送往印第安那州的一所少年管教中心。4天後，曼森和另外一名男孩潛逃出該管教中心，並在出逃之後實施了兩次搶劫行動。隨後，曼森再次被捕，他被警方移交到印第安那州的一所男子學校裡接受改造，當時的曼森只有13歲，他對警方稱自己在這所學校經常遭受性虐待，並多次試圖逃跑。1951年，曼森和另外兩名男孩成功逃離該男子學校。

第六章 「最危險的殺手」—邪教組織連環凶殺案

　　曼森帶著另兩名男孩，駕駛著偷來的汽車潛逃進猶他州，並對沿途的汽車加油站實施盜竊，這一行為觸犯了聯邦法律，FBI將3人抓獲，並將曼森送到了華盛頓的國家少年培訓學校，曼森將在這裡生活4年。在這所學校中，曼森接受了智商檢測，儘管他的智商很高（智商平均測試值為109，最後一次測試值為121），但他始終是一名「文盲」，工作人員將曼森定性為「反社會」。

　　1952年2月，在聽證會開始的前一個月，因為精神科醫生的一封信，曼森被移交到西維吉尼亞州的感化收養所，在這裡曼森被視為「危險分子」，因為他曾經用一把鋒利的刀片抵住另外一名男孩的脖頸。

　　1952年9月，曼森再次被轉移到俄亥俄州的奇利科西，這裡有著更加嚴密的守衛，經過一段時間的改造，曼森表面上看起來已經是一名「模範公民」了，良好的生活習慣和較高的知識水準使得曼森在1954年獲得假釋，之後曼森就和他的舅舅生活在西維吉尼亞。

　　1955年1月，曼森和一位名叫羅莎莉·威利斯（Rosalie Willis）的醫院護工結了婚，據曼森自述，他在婚後的一段時間裡，真切感受到了婚姻生活的幸福，他透過打零工和偷竊來維持這個家。同年10月，曼森和他已經懷孕的妻子駕駛一輛偷來的汽車前往洛杉磯生活，3個月後，曼森再次被指控違法。警方對曼森做了精神評估，隨後法院判處曼森5年緩刑。因為曼森並沒有按時出席聽證會，所以法院將緩刑取消，改為3年監禁，曼森被送往加利福尼亞的一座小島上服刑。

　　在曼森進監獄之後，羅莎莉生下了他們的孩子，她和曼森的母親凱薩琳生活在一起，並在曼森監禁的第一年一同去小島上探視過他。1957年，羅莎莉開始和其他男人同居，曼森在一次聽證會前試圖逃跑，但沒

有成功，隨後再次被法院加判 5 年，假釋申請也被法院駁回。

　　在監獄中曼森開始學習如何揣摩人心，如何用意志力操控他人。和曼森接觸過的人都難以忘記他帶有催眠性的眼神和洞悉他人心靈的談話方式。

　　1967 年，曼森被假釋出獄，這時的曼森已經 33 歲了，他決定前往舊金山的海特－艾許伯里區，在這裡，曼森重新開始了他的犯罪生涯。曼森一到達舊金山就吸引了一大群逃出家門或者內心徬徨的年輕人，這些人被曼森的生活閱歷以及似是而非的「智慧」話語所折服，他們將曼森推舉為領袖，用自己的財富供養曼森。

　　對於曼森來說，成為這些人的領袖並不是自己內心最渴望得到的，他更期望獲得大量的金錢和崇高的地位。但當這件事情成為事實之後，曼森意識到，他的這種身分同樣可以獲得金錢和地位，因為這些年輕人會想盡一切辦法（男人販毒、女人賣淫）來供養他。

　　曼森開始重視這些人，他與他們同吃同住，並透過音樂和藥物來控制這些人。曼森帶領教徒展開無休止的聚會狂歡，他們整日整夜地唱著披頭四的歌，在歌唱的過程中夾雜曼森對愛、和平、未來、自由的講話。曼森不允許教眾們睡覺，強迫這些年輕人在長期失眠的情況下喪失自主意識，並使用音樂和迷幻藥來催眠他們，以此來達到完全掌控這些人的目的。這些人就是曼森最初的班底，也就是美國歷史上臭名昭彰的「曼森家族」的前身。「曼森家族」並不是曼森的族親，這個組織的成員之間也沒有任何血緣關係，他們全部是曼森的仰慕者和追隨者，該組織的成員大多數是一些年輕而且富有的中產階級女性。1969 年，「曼森家族」已經發展了將近 60 名信徒。

第六章 「最危險的殺手」—邪教組織連環凶殺案

　　信徒的增長和欲望的膨脹使得曼森制定了一個「終極計畫」，他聲稱這個計畫是為了發動末日種族階級戰爭，並且只有自己的信徒才能夠活下去，他假借宗教的名義，聲稱自己是耶穌的轉世化身，只有他可以帶領信徒前往一個名叫「無底洞」的地方，躲過一場即將發生的大劫難。在 FBI 的檔案中，這個計畫是導致兩起凶殺案的直接原因。

　　1969 年 8 月 9 日晚，一座位於好萊塢北面山谷中的別墅正在舉行一個小小的家庭聚會。這座別墅的主人大有來頭，她是著名導演羅曼·波蘭斯基（Roman Polanski）的妻子，名叫莎朗·蒂（Sharon Marie Tate），莎朗也是一名演員。當天，莎朗因為丈夫遠在歐洲拍戲，不能陪伴自己，而自己又懷有 8 個月的身孕，便召集了 4 名好友來自己的家中共度週末，但她沒想到的是，一場醞釀已久的災難正在悄悄降臨到她的頭上。

　　據 FBI 檔案記載，當天晚上 12 點到 1 點之間，距離莎朗家 91 公尺的鄰居科迪斯聽到莎朗家裡面傳來了幾聲零星的槍聲，而在距莎朗家 2.6 公里外露營的提姆·艾瑞蘭德則聽到了悽慘的呼叫。莎朗家的清潔工溫妮在第二天早上 8 點鐘上班的時候，發現車道上停著一輛不曾見過的藍寶堅尼，她還在廚房的地上撿到一根剪斷的電話線，臥室的門是大開著的，並且門內有著兩大灘血，外面的草坪上躺著一個人。溫妮感到很害怕，她不敢上前檢視，尖叫著向外跑去，在經過車道的時候她猛然發覺藍寶堅尼上也躺著一具屍體，極度恐懼下的溫妮趕緊跑去鄰居家求救。在這份檔案中，我們不難察覺莎朗家已經發生了非常恐怖的事情。

　　隨後趕來的警察證實了這一點，藍寶堅尼上死亡的是一名青年男性（被槍殺），他浸泡在鮮血中。莎朗家的草坪上一共有兩具屍體，一名是大約 30 歲的白人男性，頭部和臉部被尖銳的刀具刺得面目全非，包括身體其他部位一共被刺 51 刀；另一具屍體是位穿著睡衣的女性，一共被刺

28刀。在莎朗家的前門處有一個用鮮血寫在地上的「豬」字（是用莎朗的血寫的），走廊上丟著一副眼鏡、一些彈殼和兩條很粗的線。在臥室裡，一名年輕的金髮女性躺在地上，她的身上全是血，一條從橫梁上垂下來的繩索緊緊套著這名孕婦的脖頸（莎朗身中16刀），繩子的另一端則纏繞在另一名男人的脖頸上，他同樣滿身鮮血。

這起案件一經報導就引起很大反響，社會各界為之側目，人們主動參與該案件的調查。為了能夠弄清凶手的犯罪過程，將殺害莎朗和她未出生孩子以及其他4位被害人的凶手捉拿歸案，波蘭斯基家族提供了2.5萬美元的懸賞。但是經過兩個多月的調查和近千次的盤查之後，警方並沒有就該案件取得實質性進展。

與此同時，就在莎朗遇害的同一天晚上，距離莎朗家幾十公里以外的比弗利山莊內一棟房子中同樣發生了一起凶殺案。被害人是一對姓拉比安卡的夫婦（Leno and Rosemary LaBianca），他們是加州一家大型連鎖超市的老闆。當天晚上，就在拉比安卡夫婦即將休息的時候，噩夢悄悄降臨。拉比安卡夫婦被亂刀砍死，死相極為悽慘。凶手故意在凶案現場留下了一把插在男主人咽喉上的餐刀，並且他們還使用死者的鮮血在現場寫下了三行字「豬獵們去死吧」、「起義」、「旋轉滑梯」。

根據這些資訊警方推斷出，凶手此次的行動顯得更為從容，並且警方認為兩起凶殺案之間一定有關聯，極有可能是連環凶殺案。洛杉磯警方出動了大量警力對兩起案件進行調查，他們將視線集中在和被害人有糾葛的人們身上，但並沒有取得任何進展。

和大多數案件的破獲過程類似，正當警方毫無頭緒的時候，事情出現了轉機，就在莎朗遇害後不久，一名洛杉磯的毒品販子在家中被殺，警方迅速抓住一名嫌疑犯。經過審訊，這名嫌疑犯將自己的同夥，一名

第六章 「最危險的殺手」—邪教組織連環凶殺案

叫蘇珊・阿特金斯（Susan Atkins）的女孩供出，並告知警方，這名女孩和一幫「嬉皮士」（當時反抗習俗和政治的年輕人）一起住在距洛杉磯不遠的一處廢棄農場中，並稱這些人過著公社性的農場生活，他們的領袖是一個35歲、名叫查爾斯・曼森的人。

1969年8月16日，警方迅速出動，以「偷盜車輛」的名義逮捕了在該農場內生活的所有人。蘇珊因為是殺害毒販的嫌疑犯，被另行關押在洛杉磯女子監獄，和她同監的是一個名叫羅妮（Ronnie Howard）的妓女，在一次偶然的聊天中，蘇珊告訴羅妮，自己就是殺害莎朗等人以及拉比安卡夫婦的凶手，龍尼將自己聽到的話轉告給監獄長。

警方在仔細調查過曼森的歷史之後，發現他和他所帶領的公社有著極大的嫌疑，於是他們就請一名叫文森・巴格里奧西（Vincent Bugliosi）的律師和他的助手檢察官史蒂芬・凱（Stephen Kay）對查爾斯・曼森提起公訴。

在曼森被捕之前，他還曾試圖多製造幾起凶殺案，並將這些凶殺案嫁禍給黑人，希望激化黑白人種之間的仇恨，迫使美國出現暴亂，當然他的願望不可能實現。

這場審判一共持續了將近九個半月，是當時美國歷史上花錢最多的訴訟案，這個紀錄直到1990年代以後才被「辛普森案」[02]所打破。整個案件的審訊過程都被攝影機拍下，然後透過電視對美國公眾播出。

在審訊過程中，曼森充分展現了自己高超的表演天賦，他每天都以不同面目示人，他還將其他嫌犯中的3名女嫌犯打扮得非常漂亮，然後和法官以及電視前的美國公眾玩起了貓捉老鼠的把戲。每天曼森和3

---

[02] 詳情請見第十章。

名女嫌犯都會唱著歌走向法庭，並且法庭外面會有一批「曼森家族」的成員坐在門口迎接他們，每當曼森到來的時候這些人就會大聲呼喊「我愛查爾斯」的口號。曼森還在審訊期間剃光了頭髮，他在額頭的正中央畫了一個十字架，後來將這個十字架改為納粹的標誌，所有「曼森家族」的成員都跟著曼森做了同樣的事情。

1971年，曼森和另外4名嫌犯被陪審團確認有罪，法官判處5人死刑，但是在第二年，美國聯邦法律就廢除了死刑，5人的判決也自動改為終身監禁，他們被關在監獄中。這5人中最有希望獲得假釋的是萊斯麗·范豪頓（Leslie Van Houten），她作案的時候只有18歲，是5人中年紀最小的一個，但她前後一共提交了14次假釋申請，均遭到法庭拒絕。

時至今日，查爾斯·曼森已經80多歲了，他因為罪行恐怖，所以被美國人稱為「最臭名昭彰的連環殺手」和「活在世界上的最危險的人」。即便如此，曼森還擁有著一大批忠實的粉絲，2013年年底，曼森和一名仰慕他的美女阿弗頓·伯頓（Afton Burton）相愛，並在獄中舉辦婚禮，結為夫妻。這個事件一經報導，就在社會各界引起很大的反響，只不過就算曼森手段通天，他今生今世也只能在監獄中為自己犯下的罪行贖罪。

第六章 「最危險的殺手」—邪教組織連環凶殺案

第七章　偽裝者
——「新派」連環殺手

此時的泰德已經有些瘋狂，他不再像原來那樣有計畫地實施謀殺，他也不像原來那樣不留下任何線索給警方，現在的泰德更像是一個無組織殺手，他的殺人過程、凶器選擇、殺害對象以及是否拋屍都開始呈現隨機性。

第七章　偽裝者—「新派」連環殺手

1970、1980年代，美國曾出現了一個恐怖的變態殺人魔王，他有著極高的智商和嚴謹的思維，所有的殺人行動都有著嚴密的計畫，以至於在這名「新派」連環殺手被捕多年之後，警方依然不能夠確認這名殺手具體製造了多少起謀殺案，也不能確認兇手一共殘害了多少人。

在整個連環殺手的世界中，泰德・邦迪（Ted Bundy）的名字絕對是最響亮的。如果我們把「開膛手傑克」[03]和約克郡殺人狂魔[04]比作是「舊派」殺手的鼻祖，那麼泰德・邦迪一定是「新派」殺手心目中的偶像。在FBI的卷宗中我們可以清楚地看到，警方至今還沒能確認泰德第一起謀殺案的作案地點，這名連環殺手中的「唯一博士」（自稱）也就成了美國歷史上最臭名昭彰的「變態殺人狂魔」。

泰德完全顛覆了人們對「連環殺手」的認知，他不像其他殺手那樣長相凶惡，也不會獨自一人縮在某個黑暗的角落裡。作為一名成績優異的心理學學士、法學院的學生、危機預防輔導員的泰迪，他打破了人們對殺手這一概念的認知，他——泰德・邦迪就和我們正常人一樣，過著看起來既有節奏又完全正常的生活。

1946年11月24日，泰德在費蒙特州柏林頓的一個單親媽媽收容所內出生。22歲的艾莉諾・路易士・考威爾（Eleanor Louise Cowell）替泰德取了一個名字——西奧多・羅伯特・考威爾（Theodore Robert Cowell）。艾莉諾也是一個苦命人，她在生泰德的時候並沒有結婚，泰德的父親是誰至今仍存在著爭議，但這也使泰德符合了連環殺手的第一個特

---

[03] 開膛手傑克（Jack the Ripper）是1888年8月7日到11月9日期間，在英國倫敦東區白教堂一帶以殘忍手法連續殺害五名妓女的兇手所冠的化名。犯案期間，兇手多次寄信到警察單位挑釁，卻始終未落入法網。可能是艾倫・柯明斯基（Aaron Kosminski）。

[04] 彼得・威廉・薩特克利夫（Peter William Sutcliffe），英國連環殺手，被新聞媒體稱作「約克郡開膛手」（Yorkshire Ripper）。

徵——單親家庭。

考威爾家族的所有人幾乎都是衛理公會的教徒，他們非常排斥艾莉諾這種未婚先孕的行為。無奈之下，艾莉諾的父親，也就是泰德的外公以養子的名義收養了泰德，而艾莉諾則成了泰德的姐姐。1950 年，泰德和他的母親艾莉諾搬到華盛頓州的塔科馬市與泰德的舅舅住在一起。一年後，艾莉諾和一名軍隊廚師強尼・卡爾佩帕・邦迪（Johnny Culpepper Bundy）結了婚，泰德也改姓為邦迪。

泰德的繼父一直試圖與他建立起正常的父子關係，但對泰德來說，他的祖父才是他真正的「父親」。在泰迪心目中，這也是他唯一尊敬的人。

對很多連環殺手來說，童年生活是導致這些人心理變態的根源，泰德・邦迪卻並非如此。儘管他的父母在婚後先後生育了 4 個兒女，但他的繼父不曾虐待過他，甚至還因為他是長子而格外關照他。泰德與其他兄弟姐妹之間的關係也相當融洽，他的童年生活是充滿愛和關懷的。當時人們對泰德的印象是非常正面的，泰德是一個聰明、陽光、朋友眾多而且非常幽默的好孩子，但這種狀況在進入高中之後發生了轉變。

泰德在高中時期開始變得沉默寡言起來，他的成績普通、社交受阻。在他看來，他的朋友們都「變了」，他甚至開始懷疑這一切是因為自己的「基因」太差所導致的，並認為自己的家人不能夠很好地教會他如何適應校園生活。此時的泰德對男女之間的感情反應遲鈍，他只和一名女孩約會過，他也不明白女孩為什麼會對他感興趣，即便是大家都說他長得很帥，但泰德並不自信。

儘管此時的泰德表現得很平淡，但警方認為這恰好和連環殺手在進

第七章 偽裝者—「新派」連環殺手

入青春期後開始「隱形」（使自己處於可有可無的狀態）吻合。警方還懷疑在泰德14歲時發生的18歲少女安‧瑪麗‧布爾（Ann Marie Burr，泰德家的鄰居）失蹤案就是泰德所為。

1965年，高中畢業的泰德進入了菩及海灣大學就讀。在泰德的回憶錄中，他稱這一年讓他感到非常孤獨，他只能忙於學業，不能和朋友玩耍或者結交新的朋友。泰德的母親稱當時泰德還住在家中，他每天都過著回家、讀書、睡覺，然後再去上學的日子。

1966年春，泰德對一個女孩產生了感情，這是他第一次對女孩動心。史蒂芬妮‧布魯克斯（Stephanie Brooks）是一名來自加利福尼亞州一個富裕家庭的女孩，她不僅有著出眾的容貌和高挑的身材，還有一頭及腰的黑髮以及獨特而優雅的氣質。這名女孩所擁有的一切都是泰德所渴望的，但自卑的性格使他在很長的一段時間內都不敢去接近史蒂芬妮（泰德曾因出身低微而感到自卑）。

泰德和史蒂芬妮有著一項共同的愛好 —— 滑雪，透過這項運動，泰德成功接近了史蒂芬妮並用自己的相貌和魅力打動了她。隨後兩人發展為戀人，史蒂芬妮也成了泰德的第一個女朋友。這一年泰德轉校去了史蒂芬妮所在的大學，他開始學習中文，他稱自己要學世界上最難的語言，這樣會使他顯得與眾不同。此時的泰德中文成績優異，他的生活快樂而又上進。

在泰德的回憶錄中，當時他的腦海中經常會閃現出一些奇怪的念頭，但他自稱是可以及時抑制住這些念頭的。有一天泰德意外地從臨街的一扇窗戶中看到了一名一絲不掛的女性，這讓他很興奮，他開始有意識地偷窺別人家的窗戶。漸漸地，偷窺已經成為泰德生活中不可缺少的

一部分，為了能夠順利偷窺到對方，泰德還特別制定了一個複雜的日程表來管理自己的偷窺。

1967 年，史蒂芬妮學成畢業，這時她已經決定結束與泰德之間的戀情（學者認為，偷窺很可能使泰德一定程度上忽視了女友）。為了擺脫泰德，史蒂芬妮謊稱自己要回舊金山發展，但泰德卻說他已經成功申請了舊金山史丹佛大學的獎學金，這讓史蒂芬妮很沮喪，她只好讓泰德一起跟去。不久之後，史蒂芬妮就找藉口拒絕了泰德。愛情的失敗對泰德的打擊是致命的，他的弟弟就曾說過，泰德在與史蒂芬妮分手前是很會控制自己情緒的一個人，但自此之後泰德已經很難控制自己的情緒了。

失戀後的泰德開始透過刺破女性車胎和偷電盤蓋來接近女性，但他的做法卻沒有取得成功。在大學校園附近，有太多的男性會幫助求助的女生。1967 年秋，泰德開始嘗試恢復正常的生活，但他始終無法控制自己。同年 12 月，泰德不得不休學開始環美旅遊。1968 年，泰德在西雅圖找到了一份管理倉庫的工作，在做這份工作的時候，泰德逐漸開始偷東西，並成了一名慣竊。他的生活所需，包括一些大型設備都是他親手偷來的，並且他只偷價值高的物品。

泰德還喜歡上了色情影片，他從最開始只看《大法師》，到後來越來越喜歡暴力色情電影。此外，他還熱愛看一些偵探雜誌，他透過這些書刊不僅了解了警方辦案的流程和一些罪犯的犯罪技巧，還對書中虐待女性的情節十分著迷。

這一年，泰德透過同學的關係加入了政黨。他在政客亞瑟‧弗萊徹（Arthur Fletcher）的辦公室找到了一份工作，這份工作讓他享有了一些政治福利。比如，他可以自由出入本來只有有錢人才能加入的網球俱樂

第七章　偽裝者—「新派」連環殺手

部。在這一段時間內，泰德很受亞瑟的器重，亞瑟讓他作為自己競選的負責人，在亞瑟看來，泰德是一個既聰明能幹又思維嚴謹的人。不過在亞瑟競選失敗後，泰德也很快丟掉了工作。泰德馬上在他曾經偷東西的百貨公司內找到了新工作，他成了一名優秀的業務員，而且深受女性顧客的喜愛。

在有了一些存款之後，泰德辭掉了這份工作，起身前往費城探望史蒂芬妮，並在費城天普大學報了劇院藝術課程。在這裡，泰德學會了精湛的表演技術和化妝技巧。1969年夏，泰德返回西雅圖，在這裡他遇到了麗茲·肯德爾（Liz Kendall），這名有著一頭黑色長髮的24歲女性雖然離過婚，但她的家境和容貌還是吸引了泰德，而麗茲也被泰德的外表所傾倒。她曾在回憶錄中寫道：「他是如此的有魅力，英俊得令人著迷。」兩人的關係發展迅速，3個月不到的時間他們已經開始商討結婚的問題了。

同年，泰德察覺自己的姐姐其實就是自己的母親，而自己的父母則是自己的外祖父母，這個變故讓他深受打擊。1970年，泰德在醫藥公司工作的同時開始在華盛頓大學學習心理學課程，這一年泰德還曾救了一名落水兒童，在當地成了英雄。

泰德的心理學課程進展順利，他得到了不止一位指導教授的讚譽。在晉級考試中，泰德的多位指導教授都為他寫了推薦信，他們認為泰德是聰明、能幹、積極而又認真的，他有著很強的責任感和非常穩定的情緒，這種人非常適合心理學研究。麗茲也認為泰德是一個浪漫、體貼、溫柔的愛人，兩人經常一起外出遊玩，人們都認為他們結婚是水到渠成的事情。

1971 年 9 月，泰德辭去司機的工作，轉而加入西雅圖緊急救助站工作。這個診所主要為那些想自殺或者陷入危機的人提供電話診療或者諮商幫助。在這一段時間內，退休治安官、偵探作家安·魯爾（Ann Rule）見證了泰德的生活。和大多數關於泰德的記載不同，在安的回憶中，泰德不僅不是一個殺人狂魔，還曾救過很多人。泰德在這家 24 小時營業的診所中，透過電話成功地安慰別人，拯救了很多因心理問題而產生自殺傾向的人。

1972 年，泰德獲得了心理學學位並申請法學進修，但他並沒有通過測試。泰德進入西雅圖海景醫院擔任心理治療小組的心理顧問，但因為過於冷酷和辱罵病人而被醫院辭退。

1972 年，丟了工作的泰德再次投身政治，他為州長丹尼爾·伊萬斯（Daniel J. Evans）工作。此時泰德再一次找到了使自己內心安寧的事情，他還曾因工作出色而得到州長的嘉獎。1973 年 5 月，泰德受僱於本州共和黨中央委員會。泰德在工作上漸入佳境。在上司看來，泰德是一個聰明上進而又相信體制的資優委員。

泰德再次申請法學進修，經過多方遊說，他成功進入了鹽湖城的猶他州法學院。在上學之前，泰德購買了一輛二手金龜車，顯然這種車型是他非常喜歡的。在即將入學的前一天，泰德突然改了主意，在收到錄取通知之後，泰德向鹽湖城猶他州法學院寫信稱自己因出車禍而不能入學，轉而選擇了華盛頓州塔科馬市的菩及海灣大學法學院。泰德為何放棄自己辛苦得來的成果，這是人們所想不通的，心理學家認為導致這種行為的原因很可能與他自相矛盾的性格有關。

此時的泰德顯得自信而成熟，他事業成功，再也不是原來那個無知

第七章　偽裝者—「新派」連環殺手

少年了。在一次共和黨的活動中，泰德與史蒂芬妮相遇，史蒂芬妮也非常驚訝於泰德的變化。泰德開始重新追求史蒂芬妮，他瞞著麗茲和史蒂芬妮約會並使她愛上了自己，泰德還在麗茲不知情的情況下與史蒂芬妮訂了婚。就在泰德和史蒂芬妮準備結婚的時候，泰德突然冷淡下來，他拒絕在耶誕節送史蒂芬妮禮物，並經常以學校有事為由整日消失不見。這種狀況一直持續到1974年1月2日史蒂芬妮離開為止。

　　1月4日，一名18歲的華盛頓大學心理學系學生回到公寓休息，但她第二天並沒有起床吃早飯，室友們也沒注意。到了下午，她們開始擔心，決定去她房間內檢視，她們發現她的房門並沒有鎖，而這名女生躺在床上一動也不動。當她們走近床前的時候，發現女孩的頭和臉上全是血跡，床上丟了一把沾滿血跡的鐵棒，她的下體內還插著一把陰道鏡。這名女孩一直昏迷了10天，她甦醒後無法想起任何關於襲擊的事。在泰德被捕後，警方懷疑泰德就是此案的凶犯。

　　1974年1月31日晚，華盛頓大學心理系的女學生琳達·海利（Lynda Ann Healy）回到自己和多名女學生合租的地下室公寓。由於琳達在當地一座電臺擔任滑雪記者，所以她需要早一些起床。住在她隔壁的芭芭拉·里特爾在早上5點鐘的時候被琳達定的鬧鐘吵醒了，但她並沒有太在意。半小時後，芭芭拉起床，但她注意到琳達房裡的鬧鐘還在響，這讓她感到奇怪，她便去琳達屋內檢視。琳達室內看起來一切正常，唯一不同的就是平日不摺被子的琳達今天竟然將被褥疊得很整齊。

　　儘管這一天，室友們都看到了琳達的腳踏車停在樓下（琳達平日都是騎車上班的），而公寓的側門也沒上鎖，但她們都沒多想。一直到琳達的父母在當天來找琳達共進晚餐時，琳達依然沒有出現，他們才急忙報警。隨後趕來的警察在室內發現了一個滿是血跡的枕頭，而室友們也發

現琳達鋪床的方式和原來不同，她昨天所穿的衣物也同樣不見了，除此之外沒有任何線索。

返回舊金山的史蒂芬妮感到十分困惑和憤怒，一直到2月15日，泰德都不曾與她有過任何聯絡。她決定打電話給泰德，當時泰德好像喝醉了酒，他只說了一句：「好吧，真奇怪。」便結束通話了電話，此後他們之間便再也沒有聯絡。

1974年3月12日，19歲的唐娜・蓋爾・曼森（Donna Gail Manson）失蹤，當日她離開宿舍去欣賞一場校園爵士音樂會，但她並沒有到達會場，也沒有留下其他線索。

4月17日，大學生蘇珊・蘭考特（Susan Elaine Rancourt）計劃和朋友一起看一場電影，她在看電影前在烘乾機內放了幾件衣服，準備等到電影結束的時候取出來，但她並沒有到達影院，這名學過空手道的女孩也失蹤了，沒有任何線索。

警方在校園內展開了調查，他們收集了很多資訊，其中就有一條是關於一個英俊、年輕、駕駛著金龜車的男子的，但警方將這條資訊遺漏了。

5月6日，在西雅圖奧勒岡州立大學上學的22歲的羅蓓塔・帕克斯（Roberta Kathleen Parks）失蹤，沒有任何線索。6月1日，剛剛畢業的22歲女孩布蘭達・鮑爾（Brenda Carol Ball）失蹤，沒有任何線索。

在這一段時間內，麗茲發現泰德越來越奇怪。有天夜裡，麗茲在醒來的時候發現泰德躲在被子裡，正使用手電筒偷偷「觀察」她的身體。麗茲還在壁櫥裡發現了一個裝滿粉末的盒子（泰德在醫藥公司偷的）以及一包女性內衣，但她最終沒有質問泰德。

第七章　偽裝者—「新派」連環殺手

　　6月11日，18歲的大學生葛兒根·哈瓦金斯（Georgann Hawkins）決定去其他宿舍拜訪一位朋友，夜晚的校園內少有學生，葛兒根的朋友將她送到距離宿舍樓15公尺的位置後回去了，而葛兒根就此消失。

　　在泰德的供詞中，我們找到了這名女孩消失的原因：泰德將汽車停靠在校園內的陰影處，他在經過喬裝打扮後，拄著拐杖邀請附近的女生幫他搬書，只有葛兒根願意幫他。在搬書的過程中，他們親切交談，而泰德在葛兒根將書放在後座的一瞬間，用撬棍狠狠地擊中了她的後背並用手銬將她銬住，丟在了後車座上。泰德將葛兒根載到了郊區，中途她醒了一次，口中不斷地重複自己要在明天考西班牙語，顯然此時的葛兒根已經有些神志不清了。

　　泰德將車開到一個僻靜的地方，將葛兒根拖出車外再次擊昏，並用褲襪勒死了她。隨後，他將葛兒根拖進了一處樹叢，強姦了葛兒根的屍體，並一直待到第二天才從那裡離開。

　　泰德準備在駕車返回的途中丟掉凶器和葛兒根的衣物，但他發現葛兒根的一隻鞋子不見了。他意識到這很可能會成為警方尋找凶手的重要線索，於是他返回案發現場，找到葛兒根丟失的鞋子並清理了現場。

　　3日後，泰德重新來到棄屍地點，他和已經腐爛的屍體做愛，並用鋼鋸鋸掉了屍體的頭，將它埋在了15公尺外的地方。

　　這一年泰德的法學課成績不及格，但他馬上去了鹽湖城繼續他的學業，他隱瞞了自己在塔科馬上學的經歷，對鹽湖城猶他州法學院說自己已經從車禍中恢復並準備入學，學校批准了他的請求。入學前泰德在緊急服務處找到了一份工作，並在入學的時候成為該機構的預算專員。據該機構的員工講，泰德當時是整個機構所有人的羨慕對象，女人們欣賞

他的外貌，男人們羨慕他的知識和政壇關係。

而此時的泰德，與麗茲之間的關係越發疏遠，他在和麗茲泛舟湖上的時候，突然將麗茲推入水中，並在麗茲掙扎的時候像個陌生人一樣冷冷地注視著對方。一直到麗茲爬上岸後他才對她說：「我只是和妳開個玩笑。」

7月14日，23歲的緩刑犯監督官珍妮絲・奧特（Janice Ann Ott）在瑟馬米什湖晒太陽，在她身邊不遠處有幾對夫婦也在湖邊休息。從其中一對夫婦的供詞中，警方得知了珍妮絲失蹤的原因。在珍妮絲躺下後半小時左右，一名英俊的年輕人走向了她，這名年輕人的一條手臂斜掛在吊帶上，他問簡是否可以幫他裝船（略微帶一些口音），珍妮絲和他大約聊了有10分鐘，然後跟他走了，這對夫婦聽到這名年輕人自稱「泰德」。

FBI整理了各地警方所掌握的資料，他們發現這些近期所湧現的綁架案極有可能是同一人所為，這些受害的大學生都有著類似或者同樣的特點，而嫌犯則極可能是那個開著金龜車、手臂受傷、自稱泰德的人。

根據瑟馬米什湖目擊者的證詞，警方繪製了嫌犯的素描像，連同金龜車以及泰德的名字公布在了報紙上。泰德的同事在看到這個資訊之後還曾和泰德開玩笑，但沒有一個同事相信這件事真的是泰德幹的。安・魯爾和麗茲首先向警方檢舉了泰德，但她們僅僅是懷疑。此時FBI已經收到將近3,000份關於嫌疑犯的報告，他們並未重視安和麗茲的檢舉。

8月2日，20歲的卡蘿兒・巴倫蘇艾拉（Carol Platt Valenzuela）失蹤，沒有線索。8月30，泰德前往鹽湖城猶他州法學院報到，至此華盛頓州的失蹤案告一段落。

9月7日，警方在距離瑟馬米什湖1.6公里遠的伊瑟闊山上發現了珍

第七章　偽裝者—「新派」連環殺手

妮絲‧奧特和丹妮絲‧納斯魯德（Denise Marie Naslund）的殘骸，屍體被動物撕咬得所剩無幾。警方在確認死者身分的時候發現，這些殘骸一共來自3個不同的被害人，而第三名被害人的身分至今也沒能確定。

10月，卡蘿兒‧巴倫蘇艾拉的屍體在奧林匹亞市附近找到，在這附近警方還找到了另一具女性屍體，但這名女性的身分當時也沒能確定，直到2015年透過DNA分析鑑定為瑪莎‧莫里森（Martha Marie Morrison）。

10月2日，鹽湖市開始出現女子失蹤案，第一名失蹤者是16歲的南希‧威爾克斯（Nancy Wilcox），這名女生在與父母爭吵後離家出走，有人看到她乘坐一輛金龜車離開。

10月18日，17歲的梅麗莎‧史密斯（Melissa Anne Smith）在晚上9時前往朋友家吃披薩，有人看到她曾去了一個年輕人聚會的場所，並看到她叫車，但她也失蹤了。10天後，梅麗莎的屍體被警方發現，屍檢顯示，她的頭曾遭到鈍器重擊，脖頸處有長襪的勒痕，她的妝容不亂，指甲也沒有破損。警方推斷，梅麗莎在遇害前曾被關押數天，凶手替她化妝並在勒死她之前對她實施了多次強姦。

10月31日，17歲的蘿拉‧艾米（Laura Ann Aime）在夜晚失蹤，她的屍體在峽谷中被警方找到，凶手曾對她實施了強姦和雞姦，屍體的脖頸上纏著一條長襪，頭蓋骨被鈍器擊碎，陰部被銳器劃傷（警方懷疑是冰錐），現場沒有血跡，但死者的頭髮是剛洗過不久的，警方推斷蘿拉和梅麗莎的遭遇相同。

11月18日，泰德假扮警察在一座購物中心附近哄騙卡蘿兒‧達洛奇（Carol DaRonch）上車，在他準備用手銬銬住卡蘿兒的時候，卡蘿兒掙脫

了他並逃跑了，這是唯一從泰迪手下逃生的倖存者。

當天夜裡，17歲的黛博拉・肯特（Debra Jean Kent）去附近的溜冰場接弟弟，她曾使用公用電話打了電話給弟弟，說她馬上就去接他，然後黛博拉走向她父母的車子，但她失蹤了，警方沒有找到任何線索。

在整個10月內，猶他州一共發生了13起謀殺案，當警方集中精神準備將凶手抓獲的時候，猶他州卻平靜了下來，類似的案件沒有再次發生。他們所不知道的是，此時的泰德已經返回西雅圖過耶誕節了。

節日過後，類似的失蹤案再次發生，在鄰州科羅拉多，卡琳・坎貝爾（Caryn Eileen Campbell）和她的男友住在滑雪場內的一家旅館中，卡琳在獨自前往二樓拿雜誌的時候失蹤了。1個月後，她的屍體在距離旅館幾公里的地方被警方發現，她的頭蓋骨被鈍器擊碎，從死者的姿勢來看，卡琳死前有猛烈掙扎的跡象。

3個月後，華盛頓州的學生在泰勒山上發現了一個頭蓋骨，經FBI鑑定死者是布蘭達・鮑爾。警方經過地毯式的搜索之後在附近又找到了3名被害人的頭骨，分別是蘇珊・蘭考特、羅蓓塔・帕克斯、琳達・海利。FBI資深探員羅伯特・D・凱普爾（Robert D. Keppel）認為，凶手是在將頭顱砍下儲存了一段時間後才丟棄在泰勒山的，因為現場並沒有發現頸椎。

3月17日，在科羅拉多州的維爾市再次發生失蹤案，26歲的茱莉・科寧漢姆（Julie Lyle Cunningham）失蹤，沒有線索。

4月6日，在科羅拉多州的大章克興市，25歲的丹妮絲・奧利佛森（Denise Lynn Oliverson）失蹤，沒有線索。

4月15日，在科羅拉多州丹佛市18歲的梅蘭妮・庫里（Melanie

第七章　偽裝者—「新派」連環殺手

Cooley）失蹤，沒有線索。

7月1日，格爾登市的24歲女孩雪莉·羅伯森（Sherry Robertson）失蹤，沒有線索。同一天，南希·貝德（Nancy Baird）在法明頓市失蹤，失蹤地點距離鹽湖市很近，同樣沒有線索。

1975年8月16日，警官鮑勃在鹽湖城外正例行巡邏的時候，一輛灰褐色的金龜車引起了他的注意，作為當地的治安官，鮑勃·海伍德對當地的車輛都非常熟悉，而這輛金龜車好像從來都沒有見過，他下意識地開啟手電筒照了一下這輛車的車牌號，誰知這個舉動一下子驚到了這輛金龜車，它突然加速向前衝去，好像是要擺脫什麼。這種狀況非常像盜竊犯遇到警察時的反應。鮑勃立刻駕車追了上去，他追了兩個路口後逼停了這輛急駛的金龜車。

車內的駕駛員是一個非常英俊的年輕人，駕駛證上寫的名字是西奧多·羅伯特·邦迪。鮑勃檢查車輛後發現，這輛車的後排座位被拆掉了，行李箱內放著一根撬棍、一個滑雪面具、一捆繩子、一副手銬、一支冰錐和一捲膠帶。正常人是不會攜帶這些物品的，攜帶這些物品的人通常都是盜竊犯，警方提取了西奧多的指紋，並告訴他，他會被警方以非法持有盜竊工具的罪名起訴。

下週週二，FBI在收集各地警方匯報的數據時，發現了這條資訊，這個關於金龜車以及手銬的案件引起了他們的注意。警方決定在法院開庭審理西奧多的時候請卡蘿兒·達洛奇指認他，卡蘿兒在法庭上認出了西奧多就是泰德，警方又以綁架未遂為由繼續起訴希歐多爾。

次年春天，法庭判定西奧多有罪，因其沒有前科，法院判處西奧多1～15年的監禁（一般為3年左右）。在西奧多服刑的期間，警方再次起

訴西奧多犯有謀殺案，警方認為他與卡琳・坎貝爾的死有關。

事情到這裡也應該結束了，泰德這名謀殺了17個人的連環殺手將在獄中為他所犯下的罪過贖罪，但泰德再一次逃脫了法律的制裁。在一次庭審的午休期間，泰德從阿斯彭法庭的二樓跳窗逃了出去（當時泰德擁有一定的自由），他一個人躲在山上將近一星期，在他忍受不了山裡的生活時，他回到阿斯彭市，不久便再次被警方抓捕。此時人們還不清楚泰德具體犯了多少罪，有部分人甚至認為泰德是一位英勇的亡命之徒。

1977年12月30日晚，泰德再一次成功越獄，在警方發覺的時候他已經逃到了芝加哥，並從芝加哥向安納保市的大學城潛逃，隨後他又逃亡到佛羅里達州的塔拉哈西市，並在附近州立大學的旅館內租了一個房間，依靠偷商店的物品和使用偷來的信用卡度日。

1978年1月15日，泰德潛入佛州州立大學女生宿舍內，他用木棒重擊幾位熟睡女生的頭部，強姦了麗莎・利維（Lisa Janet Levy）甚至咬掉了她的乳頭。這一晚泰德一共殺死兩人、重傷兩人。在返回的時候，泰德又潛入該女生宿舍旁的一間宿舍內猛烈攻擊21歲的謝麗爾・托馬斯（Cheryl Thomas），但他沒能殺死她。

此時的泰德已經有些瘋狂，他不再像原來那樣有計畫地實施謀殺，他也不像原來那樣不留下任何線索給警方，現在的泰德更像是一個無組織殺手，他的殺人過程、凶器選擇、殺害對象以及是否拋屍都開始呈現隨機性。

FBI認為，此時的泰德已經進入了「衰竭」期，在這個階段的其他殺手，很多都會向警方自首，有些則會自殺或者消失，而泰德這種瘋狂殺人的行為其實意味著他想要警方抓到他。

第七章　偽裝者—「新派」連環殺手

2月9日，泰德殺害了他殺手生涯中的最後一名被害人——12歲的金伯莉·里奇（Kimberly Dianne Leach）。泰德殘忍地強姦、雞姦了這名小女孩並將她拋屍荒野，屍體直到4個月後才被警方找到。

而在此時，泰德已經被警方反覆拘捕了4次，每次泰德都用他的口才和因警方尚未掌握證據而逃脫了法律制裁，但這一次泰德在因一起偷盜車輛案件被捕、等待審訊的時候，FBI確認了他的身分。被害人身上的咬痕紀錄和泰德的牙醫紀錄一致，這一次泰德再也不能逃脫法律的制裁了。

1979年7月23日，經過7個小時的最終審判，陪審團認定泰德有罪，法官判處泰德死刑，執行方式為電刑。

1982年也是「綠河殺手」[05]猖獗犯案的一年，泰德願意幫助警方做「綠河殺手」的心理側寫，FBI的資深探員羅伯特·D·凱普爾負責此事，他們不僅需要泰德幫助分析「綠河殺手」的內心世界，還希望能夠從泰德身上了解他所犯的其他案子，希望能夠找到泰德的拋屍地點和他所殺害的其他被害人。

1989年1月24日，在民眾和大學生的強烈要求下，這位殘忍殺害28名女性（官方說法，美國民間認為泰德至少殺害了100人）、犯案30餘起的殺人魔王，被送上電椅執行了死刑。

---

[05] 蓋瑞·里昂·利奇威（Gary Leon Ridgway），美國連環殺手。

第八章　沉默的羔羊
——「密爾瓦基食屍鬼」

丹墨在做上述那些事情時不僅思維十分清晰，而且感官功能全部正常。FBI認為：導致丹墨如此變態的原因是他在內心認為，只有這些行為才能讓他滿足，這種感覺迫使他不斷挑戰「自我放縱」的極限。

第八章　沉默的羔羊—「密爾瓦基食屍鬼」

在 FBI 眾多的罪犯檔案中，有一個在連環殺手史或者犯罪史上都能稱得上最冷血、最變態、最令人發狂的殺手。這個殺手在 13 年中一共殘害了 17 位被害人，他除了將被害人綁架、強行發生性關係、殺死對方以外，還會在被害人的屍體上挑選他「看上」的器官食用。

這個有著大眾化外表的男人，在作案的過程中只殺男人，他是一名同性戀，有著極其冷酷的內心。他就像是電影《沉默的羔羊》中漢尼拔的現實投影一樣，需要透過姦屍或者食屍才能夠獲得滿足或者性高潮。

這個人就是——傑佛瑞・萊昂內爾・丹墨（Jeffrey Lionel Dahmer）。據美國官方調查顯示，傑佛瑞・萊昂內爾・丹墨這個名字，在當時甚至比近幾屆的美國總統還要出名，幾乎沒有人不知道這個變態惡魔的「事蹟」。

1960 年 5 月 21 日，丹墨出生於威斯康辛州東南部的工業城市密爾瓦基。年幼的丹墨生得十分「美麗」，甚至可以說他是「男生女相」。他是家庭中的第二個孩子，因為外表清秀而從小被父母寵愛，這與眾多連環殺手的童年經歷不符。

丹墨在 4 歲的時候因為有疝氣而不得不進行手術，這個手術使他在很長的一段時間內都處於「害怕和恐懼」之中，因為手術過程中需要陌生人（醫生）摸索他的身體，這很容易讓年幼的孩子產生恐懼。

由於家人的疏忽，相貌清秀的丹墨屢次遭到鄰居男孩的性騷擾，這種變態的行為使丹墨的內心世界悄悄地發生了轉變，直接影響到他成年之後的性取向（但有些資料中記載，丹墨性取向的問題是被疝氣手術所影響的）。

1968 年，丹墨一家搬往俄亥俄州的巴斯鎮居住。新的環境和丹墨內向的性格使他在生活中幾乎沒有任何朋友，所以丹墨就將他生活中空閒

下來的大量時間花在了「探索」自己家房屋後面的樹林上。丹墨的「探索」很殘忍，他經常會抓一些小動物進行「試驗」。他會將這些動物弄傷或者殺死，然後再將動物屍體的腦袋割掉，並用硫酸處理這些動物的屍骨。這些殘忍行為儘管引起了他父母的注意，但他們認為這是男孩子所應有的一種遊戲，所以並沒有太注意。但 FBI 認為，這一行為對丹墨的影響極為深遠，因為這些行為就是他日後實施殺人計畫的「標準」。

上學後的丹墨不僅沒能改變處境，反而使自己變得更加孤僻和不合群。他怪異的說話方式和非常低的體表溫度，使其他孩子不願意與他過多接觸。但恰恰是這種現狀使得丹墨發現，他越是古怪，就越能引起其他人的注意，而且如果他願意和其他人一起喝酒的話，那麼他就很容易被他們所接受，於是丹墨很快就染上了酗酒的毛病。丹墨還經常在教室的黑板上繪製人體的形狀，這一行為讓其他同學感到很奇怪。

1978 年，丹墨高中畢業，也正是這一年，他本來就相處不和睦的父母選擇了離婚，父母的離異對丹墨有著極大的打擊，這使他的性格變得越發孤僻。成績不算很優異的丹墨沒能順利進入大學讀書，他決定加入軍隊服役，但很快就因酗酒而被軍隊除名。退伍後的丹墨在密爾瓦基市的一家工廠找了份工作。從此之後，丹墨就開始經常出入同性戀酒吧「尋歡作樂」。

丹墨在一次偶然的情況下認識了一個搭便車的旅行者——希克斯（Steven Mark Hicks），但當他試圖和希克斯發生性關係的時候，希克斯選擇了逃跑。這一舉動一下子觸及了丹墨的底線，他拿起啞鈴敲暈了希克斯，然後用力掐死了他。

在 FBI 的卷宗中，我們透過丹墨的自述可以看到，他會殺死任何

第八章　沉默的羔羊—「密爾瓦基食屍鬼」

試圖從他身邊離開的人，不幸的是即便是他所愛的人，也都選擇了離開他。所以丹墨認為，只有親自動手殺死對方，這些人才永遠不會離開自己。

丹墨將希克斯的屍體分割成小塊，裝進一個大塑膠袋內，然後把它藏在地板下面的槽隙（用來布線的方格）中。幾天後，屍體腐爛的臭味越來越濃烈，丹墨擔心藏起的屍體被家人發現，於是他就將屍體重新埋在了屋後的樹林中。

幾天後，丹墨又發現屋後的樹林裡經常會有小孩子在那玩耍，他擔心他們會發現屍體，於是他又將屍體挖出。此時屍體已經只剩下骨頭了，丹墨先用大錘將骨頭敲成碎片，然後均勻地撒在了樹林中。在他看來，這種行為可以讓希克斯永遠也不離開自己。由於屍體被毀，警方無法確認死者的真實身分，所以這起謀殺案也幾乎不為人們所知。

殺死希克斯後，丹墨再次回到正常的生活中，但他依然不能完全控制自己的行為。在 1982～1986 年之間，丹墨曾因行為不檢而兩次被警方拘捕，又因為曾在兩名男孩面前自慰而被法庭勒令禁止與 18 以下的孩子接觸。

丹墨的父母離異被法庭准許，因為丹墨已經年滿 18 歲，所以法庭並未判決他需要跟誰在一起生活。而他的父母也好像遺忘了他，只是盡力爭奪其他孩子的撫養權，這讓丹墨再一次嘗到了被拋棄的滋味。

1982 年，丹墨搬到威斯康辛州的西艾利斯和他的祖父母生活在一起。此時丹墨試圖找一個真正的女朋友並組建一個家庭，但他很快就因為在鬧區露陰而被刑事拘留。

1985 年，丹墨在一家巧克力公司找到了一份工作，但又因為在公

共場所當眾小便被拘留。此後，丹墨愈發不能控制自己內心中的變態慾望，他又一次開始殺人。

1987 年 9 月，史蒂芬·托米（Steven Walter Tuomi）與丹墨相識。丹墨在和他聊了兩句後，便帶著史蒂芬前往一家汽車旅館。那一晚他們喝了很多酒，當丹墨清醒的時候，他發現史蒂芬已經死了。丹墨用行李箱將史蒂芬裝了起來，並把他帶到了自己祖母家。藏好屍體後，丹墨在祖父母不知情的情況下與屍體性交，對著屍體自慰，最後他將屍體一塊塊分割開，然後銷毀。1988 年 1 月，丹墨搭載了一名 14 歲的男孩詹姆斯·多克斯塔特（James Edward Doxtator），他將這名男孩帶到地下室後殺死。

1988 年 3 月，丹墨再次殺死一名叫理察·格雷羅（Richard Guerrero）的黑人男子，據說這名男子是在去朋友家玩的時候，在中途遇到丹墨，丹墨將他誘騙到家裡，採用同樣的方法殺死了他。

在這段時間內，丹墨的行跡顯得愈發詭異，他總是一個人在地下室待很久，而那裡除了經常散發出一股讓人感到噁心的味道以外，還總是傳來整晚都不停歇的敲擊聲。這些情況讓祖母開始討厭他，她對丹墨說：「我不能一直照顧你，你應該有自己的生活。」丹墨很傷心，他認為自己被祖母拋棄了。1988 年，丹墨搬到了北區 25 街的牛津公寓居住，但不久之後他又因猥褻男童而被刑拘。

1989 年 3 月，丹墨在一個名叫 La Cage 的同性戀酒吧內結識了安東尼·希爾斯（Anthony Lee Sears）。丹墨是這家酒吧的常客，他告訴安東尼有機會他們可以去他家開酒會派對、拍攝裸體照片以及做愛。丹墨趁祖母不在家的時候邀請了安東尼，安東尼欣然前往。他們在家中瘋狂地做了他們想做的一切，但安東尼所不知道的是，丹墨在給他的酒水中放

第八章　沉默的羔羊—「密爾瓦基食屍鬼」

了他自製的安眠藥。丹墨等到安東尼熟睡之後將他殺死並分屍。

與以往不同的是，丹墨還將安東尼的腦袋放進水中煮透，又把他的皮完整地扒了下來，然後他將安東尼的頭顱風乾，在外面刷上青灰色的顏料後，帶到自己所居住的公寓內充當具有「特殊」意義的紀念品。

同年5月，法庭以丹墨多次不道德引誘男童的罪名判處他3年監禁，後減刑為1年，但要服5年緩刑。

這一年內，丹墨認真接受改造，他的態度讓他提前恢復了正常生活，但剛剛恢復自由的丹墨馬上故態復萌，這一次他將壓抑許久的惡魔完全釋放出來。丹墨悄悄地展開了自己制定的殺人計畫。

1990年5月，雷蒙德・拉蒙特・史密斯（Raymond Lamont Smith）被丹墨騙進位於25街區924號樓的213號房間，他在雷蒙德被迷暈後殺死了他；同年6月，愛德華・史密斯（Edward Warren Smith）被丹墨以同樣的手法殺害；同年9月3日，恩斯特・米勒（Ernest Marquez Miller）被殺；同年9月24日，大衛・湯瑪斯（David Courtney Thomas）被殺。

1991年2月28日，柯蒂斯・斯特勞特（Curtis Durrell Straughter）被殺；同年4月7日，埃羅爾・林賽（Errol Lindsey）被殺；同年5月24日，托尼・安東尼・休斯（Tony Anthony Hughes）被殺；同年5月27日，科內拉克・辛塔索豐（Konerak Sinthasomphone）被殺；同年6月30日，馬特・特納（Matt Cleveland Turner）被殺；同年7月7日，傑瑞米・班傑明・溫伯格（Jeremiah Benjamin Weinberger）被殺；同年7月15日，奧利佛・萊西（Oliver Joseph Lacy）被殺；同年7月19日，約瑟夫・布雷德霍夫（Joseph Arthur Bradehoft）被殺。這些人被害的過程幾乎完全一樣。

在這些先後被殺的12人中，警方只確定了科內拉克的死亡過程。科

內拉克是一名年僅 14 歲的寮國裔美國男孩，丹墨先將他騙到室內，用摻有迷藥的酒水迷倒了科內拉克。在確認科內拉克還要一會兒才能甦醒後，丹墨決定去酒館購買啤酒，但就在他去購買啤酒的時候，科內拉克竟提前醒來。

科內拉克意識到自己很危險，於是他強撐著尚未恢復的身體，慌慌張張地逃出了丹墨的公寓。逃到大街上的科內拉克沒穿衣服，肛門處帶有大量血跡以及腳步蹣跚的逃跑姿勢引起了兩名女孩的注意，她們認為科內拉克需要幫助，於是便報了警。

此時，丹墨剛好從酒館返回，他發現這一情況後急忙上前將科內拉克拖進室內。而此時，兩名在附近巡邏的警察已經趕到並制止了他。

丹墨出奇地冷靜下來，他對警察說他和科內拉克是同性戀人，而科內拉克已經年滿 19 歲，他和丹墨都屬於成年人，而且丹墨在面對警察盤問的時候表現得非常溫和文雅，這讓警察相信他們只是「情侶」之間出現了一些糾紛。

不太放心的警察還是去丹墨的公寓粗略地檢視了一遍，儘管他們聞到了一股難聞的氣味，但這些並沒有引起他們的注意，所以這兩名並不想過多參與兩名同性戀之間「感情糾紛」的警察急匆匆做完筆錄後便離開了，他們甚至忽視了再次陷入昏迷的科內拉克。

兩名警察不相信外表文靜、態度溫和的丹墨會做出什麼可怕的事情，而他們在向上級報告的時候也並沒有將這件事情當作重點，他們甚至還覺得這一對同性戀人十分可笑。他們所不知道的是，就在科內拉克昏倒的那張床上，丹墨在三天前剛剛肢解了托尼·休斯，而且托尼的部分屍體還儲存在丹墨室內的冰箱中。

第八章　沉默的羔羊—「密爾瓦基食屍鬼」

　　丹墨在確認警察走後將科內拉克扼死，然後與他的屍體發生關係，在將科內拉克肢解後，他把科內拉克的頭顱製作成了紀念品。

　　當天傍晚時分，兩名報案女孩的母親打電話給警察局詢問下午所發生事情的結果，但警方竟以無法干涉他人性取向為由而不了了之。丹墨極其「好運」地從警察的眼皮底下逃脫了，這真的讓人難以相信。

　　事實上，科內拉克的死在相當程度上與美國當時歧視（忽視）有色人種有關。密爾瓦基是一座工業城市，大量的外國移民使得當地警方相信：一名30歲上下的白人男子一定是守法公民。而這種思維定勢就是導致丹墨不斷殺害黑人和有色人種男子卻又屢次逃脫法網的主要原因。

　　1991年7月末的一個晚上，羅伯特・勞斯（Robert Rauth）和羅爾夫・米勒（Rolf Mueller）正按慣例在街上巡邏。就在這時，一名叫崔西・愛德華（Tracy Edwards）的黑人青年衝過來向他們報案，他聲稱附近有一位住戶想要將自己殺死並把他的心吃掉。羅伯特和羅爾夫從崔西的臉上看到了恐懼，他們認為崔西沒有撒謊，於是他們決定對這件事做一個調查。

　　在盤查了附近幾家住戶之後，他們來到了丹墨的家，屋內傳來的血腥味讓兩名警察察覺到事態非常嚴重，他們破門而入，將驚慌失措的丹墨就地抓獲。隨後，警方在丹墨的屋子裡找了大量製成標本的人頭和儲存在冰箱內準備食用的人肉切片，以及一顆未經處理、帶有血跡的人頭。

　　丹墨在被捕後對自己的罪行供認不諱，他還稱自己對「食人」是非常講究的，他首先要挑選自己想要吃的部位或器官，被選中的部位會被他切下放在冰箱中，而不被他所看中的部位會被丟進廚房內特製的硫酸池中銷毀。

丹墨的行為極其變態，以至於警方認為他患有很嚴重的精神疾病，但令人感到恐懼的是，精神病專家的分析表明，丹墨的精神狀況是完全正常的。這就意味著，丹墨在做上述那些事情時不僅思維十分清晰，而且感官功能全部正常。FBI認為：導致丹墨如此變態的原因是他在內心認為，只有這些行為才能讓他滿足，這種感覺迫使他不斷挑戰「自我放縱」的極限。

　　傑佛瑞・萊昂內爾・丹墨因殘忍謀殺多人以及食人而被法院認定有罪。丹墨的連環殺人案被曝光以後，密爾瓦基市內爆發了大規模的抗議遊行暴動，人們認為導致這一切的根源在於美國不公平的種族政策。迫於各方面的壓力和丹墨確實臭名昭彰，法院連續判處丹墨15個終身監禁，合併執行為1,070年，並將其關押在監視程度高到幾乎沒有自由的監獄中。

　　1994年11月28日，34歲的傑佛瑞・萊昂內爾・丹墨在獄中被一名自稱「上帝之子」的囚犯克里斯多福・斯卡佛（Christopher Scarver）毆打致死。斯卡佛稱自己殺死丹墨的行為是在替天行道，但不論如何，這個臭名昭彰的「密爾瓦基食屍鬼」最終沒能逃脫正義的懲罰，即便它總是姍姍來遲。

第八章　沉默的羔羊─「密爾瓦基食屍鬼」

第九章　蛇蠍美人
——「黑寡婦」迷案

　　但是，警方始終不能掌握足夠的證據證明他們的假設，而桑德拉和她的律師也拒絕和警方合作，桑德拉聲稱自己是無辜者，並說她是惡毒流言以及無根據推測的受害者。桑德拉最終拿到了艾倫的保金，但是關於這名「三度寡婦」的流言也愈演愈烈，人們紛紛議論她，躲避她，沒有任何人願意與桑德拉發生任何糾葛。

第九章　蛇蠍美人—「黑寡婦」迷案

在美國南部的達拉斯市，享受生活已經成為當地人們的共同追求。達拉斯市是美國國內生活條件最好，環境最舒適的地區。也正因為如此，能在達拉斯市居住，成為很多美國人的畢生夢想。1984 年，36 歲的桑德拉·布萊威爾（Sandra Bridewell）就居住於此。

桑德拉有著一頭火紅的長髮，她美貌而又富有魅力。桑德拉的前兩任丈夫意外離世，他們留給桑德拉 3 個孩子和一棟位於達拉斯市黃金地段的豪華公寓。在不熟悉桑德拉的朋友眼中，桑德拉是一位非常隨和而且愛笑的女性，她擁有一雙「會笑」的眼睛，這對男人來說非常有吸引力，幾乎沒有男人可以拒絕這種誘惑。

這一年，29 歲的艾倫·雷里格（Alan Rehrig）從他的家鄉奧克拉荷馬州來到達拉斯市工作。他在朋友菲爾·艾斯科瓦的建議下準備購買一棟帶有車庫的公寓。艾倫年輕的時候曾是一名橄欖球運動員，他身材高大、相貌英俊，有著獨特的男人魅力。就這樣，當艾倫偶遇了同樣富有魅力的桑德拉，他們很容易就產生了感情。

桑德拉在與艾倫見面後不久，便將自己的情況「如實」告訴了艾倫，艾倫對這個坦誠而又平易近人的富婆另眼相看，他們迅速墜入愛河並開始成對出入上層交際場所。艾倫的朋友們對此並不感到意外，他們都認為是又有女孩子在追求他。墜入愛河的艾倫不曾注意到桑德拉侈靡的生活方式，而這種生活方式就是導致他們最終分開的原因。

在艾倫和桑德拉交往約 3 個月之後，桑德拉神祕地告訴艾倫，她懷了一對雙胞胎，艾倫非常驚喜，他主動聯絡了家人與親朋好友，準備與桑德拉結為夫妻。不久，他們就在達拉斯市龜溪地區的一棟別墅裡舉行了婚禮，人們都衷心地祝福這對夫妻能夠幸福。

結婚後沒多久，艾倫突然接到了桑德拉打來的一通電話，桑德拉說她流產了。艾倫當時就要趕往醫院，但桑德拉說她已經離開了醫院，現在正在回家的路上。她聲稱自己看到了流產的那一對雙胞胎，她對艾倫說，這對孩子和她有著一樣顏色的紅色頭髮。艾倫對這件事情很痛心，他真的很想組建一個完整的家庭。

流產事件發生後沒多久，桑德拉就以家庭責任為由說服艾倫和艾倫的家人，讓他購買了一份價值22萬美元的人身保險。

婚後生活顯得平淡而又甜蜜，不過艾倫依然感到來自經濟上的巨大壓力，桑德拉花錢的速度要遠遠超過艾倫賺錢的速度。漸漸地，入不敷出的情況越來越嚴重，桑德拉曾在一天之內刷光了艾倫卡上的18萬美元。

桑德拉的行為漸漸使艾倫對她起了疑心，他發現桑德拉並不像她自己描述的那樣富有，她婚後的所有消費全都是從艾倫的信用卡上透支的，而且艾倫發現，桑德拉的真實年齡比她告訴艾倫的年齡還要大4歲。

妻子的不忠讓夫妻之間的感情出現了裂痕。1985年10月，結婚還不到一年的桑德拉和艾倫分居了，艾倫搬到了朋友菲爾家居住。

一個月後，桑德拉突然打電話給艾倫，說她想要和艾倫見面，艾倫也非常想要見到桑德拉，他是真心愛她的。桑德拉約艾倫見面的地方是艾倫的儲藏室，她對艾倫說，她想要從儲藏室內取一些東西。

1985年12月7日下午，艾倫很早就駕車來到了他與桑德拉約好的地方。在艾倫離開的時候，他還曾和朋友菲爾打過招呼，菲爾親眼看著艾倫駕車離開，但從此之後，菲爾再也沒有見到過艾倫。

在艾倫離開約兩個小時的時候，桑德拉打通了菲爾的電話，她質問

第九章　蛇蠍美人─「黑寡婦」迷案

菲爾，為什麼艾倫沒有在約定地點出現。菲爾感到很疑惑，他親眼看到艾倫駕車離開的，他覺得事情可能有點不對勁，菲爾急忙透過電話聯絡了艾倫的家人和他所有的朋友，但艾倫並沒有去他們那裡。兩天後，艾倫依然沒有消息，艾倫的母親急忙向警方報案，警方在得知事情的始末之後便開始著手調查。

在警方的走訪中，桑德拉不僅沒有擔心艾倫的狀況，反而非常擔心自己的安全。桑德拉告訴警方，艾倫已經染上了毒癮，他的消失很可能預示著自己也會有危險。桑德拉還僱用了私家偵探比爾來保護自己，比爾相信了桑德拉的話，他幫助桑德拉更換了門鎖並開始監視桑德拉的別墅。

1985 年 12 月 11 日清晨，艾倫的屍體在達拉斯市以北 320 多公里的奧克拉荷馬城被警方發現。艾倫的屍體就在他的車中，他因頭部和胸部中槍而死。就在奧克拉荷馬城警方開始調查這起槍殺案的時候，他們接到了好幾個從達拉斯打來的匿名電話，這些電話提醒警方一定要提防那個「寡婦」和她所編造的謊言，這個寡婦指的就是桑德拉。警方開始懷疑，這寡婦到底隱瞞了什麼？她與她第三任丈夫的死有什麼關聯？

就在警方猜測桑德拉是否有作案嫌疑的時候，一名跟蹤調查桑德拉 20 多年的女記者葛蘭娜・惠特利爆料出一條有關桑德拉的資訊——桑德拉根本就沒有懷孕，早在 8 年前，桑德拉就已經做了子宮切除手術，這證明她根本不可能懷孕，懷孕是她逼迫艾倫盡快與自己完婚的謊言。

警方在證實這個消息以後開始審問桑德拉。在第一次問詢中，桑德拉稱艾倫有著很大的毒癮，並且他還是一名賭徒，艾倫是被他的一名朋友殺死的。在整個審訊中，桑德拉不斷地攻擊死者的性格，並試圖說服

警方相信她的話。但這次詢問不僅不能使警方相信桑德拉的話，反而使警方更加懷疑桑德拉的作案嫌疑。

隨後桑德拉再次告訴警方，艾倫曾試圖殺害她。那是婚後的一次遊湖度假，艾倫夫婦選擇乘坐一輛噴氣式划水車，在到達湖中心的時候，桑德拉稱艾倫試圖將她拋棄在湖中。警方詢問了所有與他們共同遊湖的目擊證人，但這些人一致指出桑德拉所講的故事是一個謊言。除此之外，桑德拉還向警方講了許多其他的例子，但事實證明這些例子都是桑德拉故意編造的。

警方準備緊抓桑德拉這條線索，他們想要從桑德拉身上找出更大的破綻，但桑德拉在艾倫葬禮結束之後馬上就返回了達拉斯，此後她再也沒有去過奧克拉荷馬州。警方不準備就此放過桑德拉，他們專程從奧克拉荷馬州派了監視人員監視桑德拉的一舉一動。

警方得知桑德拉曾僱用過一名叫比爾·墨菲（Bill Murphy）的私人偵探，他們從比爾那裡得知，比爾也曾懷疑過桑德拉，比爾在屍檢報告上發現艾倫沒有任何吸毒的跡象，這讓他開始懷疑桑德拉可能在說謊。為了確定桑德拉有沒有說謊，比爾僱用了一位測謊專家，他騙桑德拉稱這次測試只是一個慣例，但桑德拉並沒有通過這項測試，而且她在艾倫是不是她殺的和她與艾倫的死有什麼關係這兩個問題上表現得極差。

警方在掌握了這些消息之後，更加確定桑德拉就是這起案件的重要嫌疑人，但他們不能憑藉這些就起訴桑德拉。

由於桑德拉拒絕和警方合作，所以案件的偵破一直處於停滯階段，但奧克拉荷馬州的警察找到了桑德拉殺害艾倫的潛在作案動機，這個作案動機就是艾倫所購買的價值22萬美元的人身保險。艾倫死前已經和桑

第九章　蛇蠍美人—「黑寡婦」迷案

德拉分居，如果艾倫和桑德拉離婚，那桑德拉就永遠不可能得到這筆保金，所以桑德拉很可能會在艾倫與自己離婚之前殺死他，以此來保證自己一定能獲得這筆保金。

儘管警方的猜測很有依據，但這種潛在的作案動機是不能證明桑德拉就是殺害艾倫的凶手的，而桑德拉還有不在場的證明。她聲稱，當時她在和艾倫約定的地點等了艾倫一個多小時，離開後她就一直與朋友待在一起。這是她手中最厲害的殺手鐧。

警方透過檢查艾倫的屍體發現，艾倫的屍體曾在兩種差異很大的氣溫環境中儲存，他死的時候周圍氣溫應該很高，在存放了一段時間之後，屍體才被轉移到氣溫較低的地方。艾倫的屍體還有被拖動的痕跡（從駕駛座位拖到了車中間），而且艾倫車內的駕駛座椅也被調高了，駕駛座位上血跡有被清理的痕跡。

據此警方推斷，艾倫很可能是在達拉斯被殺（艾倫失蹤的當天達拉斯氣溫很高），隨後一個身高較矮的人將艾倫的車子開到了奧克拉荷馬州（奧克拉荷馬州那幾天的氣溫很低）。如果桑德拉是殺死艾倫的凶手，那她的不在場證明就一定有漏洞。

警方假設，桑德拉約見艾倫的地點很偏僻，而且時間又在晚上，她很可能先將艾倫殺死，然後將艾倫的屍體放置在約見地點的儲藏室內，在能夠證明自己當時不在場之後，桑德拉再返回儲藏室將艾倫運往奧克拉荷馬州。

但是，警方始終不能掌握足夠的證據證明他們的假設，而桑德拉和她的律師也拒絕和警方合作，桑德拉聲稱自己是無辜者，並說她是惡毒流言以及無根據推測的受害者。桑德拉最終拿到了艾倫的保金，但是關

於這名「三度寡婦」的流言也愈演愈烈，人們紛紛議論她，躲避她，沒有任何人願意與桑德拉發生任何糾葛。

　　在拿到保金後不久，桑德拉便收拾行李離開了達拉斯市。她可以離開這座發生凶案的城市，卻如何也逃不掉關於「黑寡婦」(The Black Widow)的傳言。1986年，奧克拉警方繼續調查桑德拉與艾倫謀殺案之間的關聯，但艾倫的母親卻不認為桑德拉會殺害自己的兒子，她不認為桑德拉有殺害艾倫的理由。但這種幻想都被一通從達拉斯打來的電話終結了，打電話的人是桑德拉的朋友，他講述了桑德拉不為人知的另一面。

　　1967年，24歲的桑德拉嫁給了一名叫大衛·史蒂格(David Stegall)的牙醫，桑德拉告訴她的朋友，她選擇大衛是因為大衛年輕而又前程似錦。幾年後，桑德拉就住進一套漂亮的大房子，他們還生育了3個小孩，但是在這光鮮的背後所隱藏的是大衛背負了沉重債務，這些債務使得大衛開始變得沮喪、壓抑，生活對於大衛來說是如此的困難，他不得不透過四處借錢來維持生活。

　　1976年2月22日清晨，警方接到桑德拉的報案電話，她發現她的丈夫自殺了。警方在桑德拉家中看到了大衛的屍體，大衛的手腕被割開，腦袋也中了一槍，警方在搜查了現場之後將大衛的死定義為自殺。大衛的死讓桑德拉獲得了10萬美元的保金，她用這些錢還清了債務，重新開始自己的生活。

　　在大衛死後不久，桑德拉就四處託他的朋友替她介紹一些有錢的男人。不久之後，桑德拉竟然將目標鎖定了她的好朋友迪莉婭·克羅斯利的丈夫，但迪莉婭的丈夫並沒有被桑德拉打動，無奈之下桑德拉將目光轉向了其他有錢的男人。

第九章　蛇蠍美人—「黑寡婦」迷案

1978年6月，桑德拉終於如願以償地嫁給了一位石油大亨的兒子——鮑比·布萊威爾（Bobby Bridewell），鮑比還有自己的事業，他是一名飯店產業開發商。婚後沒多久，桑德拉就在海蘭派克街區買下了一棟漂亮的房子，就在這處上等社區中，桑德拉把自己打造成了「海蘭派克社交名流」。不久，鮑比就因患有淋巴瘤在一年之後去世。

在鮑比與病魔抗爭的時候，桑德拉找到了約翰·巴格韋爾（John Bagwell）和他的妻子碧西（Betsy），約翰是一名腫瘤專家，桑德拉請求他們幫助自己。約翰和碧西都是非常善良的人，他們一邊安慰桑德拉，一邊盡力幫助鮑比諮詢有關腫瘤的問題，但在鮑比去世之後，桑德拉開始占用約翰一家的大部分時間。如果桑德拉需要某些東西，她就會打電話給碧西，如果是她的車子出了問題，那她就會打電話給約翰，但在約翰趕到的時候，桑德拉的車子又沒問題了，這讓約翰有些警惕，他提醒他的妻子要遠離桑德拉。

1982年7月16日，桑德拉再次打電話給碧西，說她的車子出了問題，希望碧西開車帶她去租一輛車。但在後來桑德拉提供給警方的供詞中顯示，桑德拉在被碧西帶到租車公司的時候，她又因沒有帶駕駛證而不能租車，碧西只好又將她帶回了家。回家後桑德拉便與碧西分開，但她的車子突然好了，而碧西則再也沒有回到自己的家。直到晚上8點，警方才在租車公司附近的停車場內找到了碧西的賓士轎車和她的屍體。

碧西死於車內，她的屍體被拋在了駕駛座，她的手中握著一把22口徑的手槍，她右側的太陽穴中了槍。警方認定桑德拉就是碧西死前見到的最後一人，但桑德拉有不在場的證明，她說自己在和碧西分開之後便約了朋友吃飯看電影。

調查無果之後，警方只能將碧西的死定為自殺，但有很多細節都無法支持這一論斷。碧西死前沒有任何遺言，而她在離家前還曾為孩子們準備了晚餐，她告訴孩子們，她很快就會回來，這不符合一個準備自殺的人的特徵。碧西生前沒有任何憂鬱傾向，她對生活有著美好的期盼，並且她很愛自己的孩子。

　　警方還根據車內血跡的分布推測出車內曾待了不止一人，而碧西死後屍體也有移動的痕跡，碧西很可能是他殺，而現場則很可能是凶手為了迷惑警方刻意偽裝出的假象。

　　此外，警方認為桑德拉曾多次試圖與約翰·巴格韋爾確立關係，她曾勾引過約翰，但約翰很愛自己的妻子，他不為所動。這很可能就是桑德拉殺掉碧西的原因，因為這樣約翰就不需要為誰保持忠貞，他也就很容易被桑德拉騙到手，任由她擺布。警方的這些推論儘管很有邏輯，但沒有足夠的證據指控桑德拉就是殺害碧西的凶手。

　　在碧西死後的數月之內，桑德拉再次成為該地區最出名的女人，她登上了各大報刊的頭版頭條，人們認為一個人如果和桑德拉走得太近，那麼他／她就會死。因為發生在桑德拉身邊的死亡事件已經不僅僅局限在她的丈夫們身上了。

　　1986年，桑德拉帶著她的孩子再次搬往了加利福尼亞州的一個上等社區。在這裡，她將重新開始自己的生活。不久，桑德拉再次成了大眾輿論的焦點。在媒體的報導中，我們可以看到，曾有一名男子借給了桑德拉7萬美元，但不久之後這張支票便作廢了。與此同時，加州的一名律師控告桑德拉已經欠下了2.4萬美元的債務。從這些資訊中我們可以看到，桑德拉不知用了什麼辦法，總是可以從富裕男子手中借到大筆

錢，但她從未償還過任何一筆債務。

此後，桑德拉開始在美國各地遊蕩，她總是從一個獵區跳向另一個獵區，隨著時間的流逝，不再美貌的桑德拉開始向宗教靠攏。

2006年7月，63歲的桑德拉看起來已經和一名虔誠的基督徒沒什麼兩樣了。在北卡羅萊納州沿海的一個村莊中，桑德拉化名為卡米爾（Camille），搖身一變成為一名基督傳教士，在這裡，她盯上了77歲的蘇‧摩斯利（Sue Moseley）。

蘇是當地教堂理事會的成員之一，老伴的逝去讓蘇將大量的時間都放在了信仰上。2006年7月，蘇與兒子透過教友的介紹認識了卡米爾，卡米爾稱自己是正統的基督傳教士，而蘇的家庭是正統的基督教徒家庭，因此他們的相遇令彼此都非常高興。卡米爾對蘇說她不久就要去印度傳教，而在這之前的準備階段她需要一個住的地方。蘇當時是獨居，因為她與卡米爾聊得很愉快，所以她同意卡米爾與自己同住。隨後，蘇和卡米爾幾乎每天都待在一起，這種狀況一直到了2007年年初才被打破。

卡米爾告訴蘇，她要為傳教士團隊買一套房子，在購置房子的過程中，卡米爾總是挑選那些價格高昂的房屋。最後，卡米爾看中了一棟建在水邊的房屋，這套房子價值250萬美元。卡米爾向房產經紀人提出她將用現金購買這套房子，這引起了經紀人的疑心。卡米爾聲稱自己從亡夫手中得到了一大筆信託基金，但她卻一直不肯繳納買房的保證金，而蘇的兒子吉姆也害怕卡米爾是一個騙子，他決定調查一下卡米爾的資訊。在調查之後，吉姆發現了一件令人恐懼的事情，卡米爾很可能就是桑德拉。

吉姆·摩斯利在 2007 年 2 月 2 日向 FBI 報了案，但當探員趕到蘇居住的地方時，卡米爾已經離開了。探員馬上展開調查，他們發現卡米爾曾多次非法使用蘇·摩斯利的信用卡和她的活期存款戶頭，卡米爾還將蘇的保險取消，兌換成了現金。此外，卡米爾還用一個新的銀行帳戶代替了蘇還房貸的帳戶，她不僅沒有用這個帳戶幫蘇還錢，反而將蘇還房貸的錢偷偷轉走了。

　　2007 年 3 月 3 日，警方申請了搜查令，探員們很快發現了卡米爾並沒有去印度傳教，她悄悄住進了該地區另一個教友的家中。沒多久，化名卡米爾的桑德拉便被 FBI 抓獲。

　　警方以桑德拉盜竊 9 項身分資訊以及詐欺起訴了她。2008 年 2 月 2 日，桑德拉因被指控欺詐接受法庭審問，面對身分盜竊的指控桑德拉俯首認罪，法庭判處桑德拉兩年監禁、兩年監管，並加處 25 萬美元的罰金。但桑德拉並不承認自己與艾倫以及碧西的死有任何關係。法院也因證據不足而未能對其他 4 項指控展開審判。艾倫的母親對法庭審判的結果表示滿意，她認為只要能夠看到桑德拉認錯，這就讓她很滿足了，她相信如果「黑寡婦」再次觸犯法律，那她一定不能逃脫法律的制裁。

第九章　蛇蠍美人—「黑寡婦」迷案

第十章　世紀審判
── 辛普森殺妻案

　　1995 年 10 月 3 日是美國歷史上陷入「停頓」的一天。該日上午 10 時，在辛普森判決即將宣布的時候，美國上到總統，下到普通民眾都停下了手中的事情，一同關注「世紀審判」的結果。在美國官方的統計中，當日約有 1 億 4,000 萬美國人收看或收聽了這次審判的最後判決。在由黑人占多數的陪審團分析了 133 位人證所提供的 1,105 份證詞之後，法庭宣判辛普森無罪。

第十章　世紀審判—辛普森殺妻案

1994 年，處於 20 世紀末的美國注定是不平靜的。這一年美國發生了一起轟動全國的案件 —— 辛普森殺妻案。前美式橄欖球運動員辛普森殺妻一案的整個審理過程波瀾起伏，辛普森在證據「充分」的情況下，戲劇性地逃脫了警方「用刀殺死前妻及其男友」的兩項一級謀殺罪指控，並無罪獲釋，僅僅被民事法庭判定為對兩人的死亡負有民事責任。此案不僅是美國歷史上「無罪推定」影響最大的案件，也是美國歷史上最轟動、訴訟費最為高昂的案件。

1947 年 7 月 9 日，在美國舊金山市的一個黑人貧困家庭中誕生了一個小小的生命，他的父母並不曾想到這個孩子會在未來的某一天，因為「殺妻」罪行而被世界所矚目。尤妮絲（Eunice，辛普森的母親，一位醫院的管理員）和她的丈夫吉米‧李‧辛普森（Jimmy Lee Simpson，辛普森的生父，是一名廚師並有一份銀行託管的工作）請這個孩子的阿姨替他取了一個名字 —— 奧倫塔爾‧詹姆斯‧辛普森（O. J. Simpson）。年幼的辛普森被診斷出患有軟骨病，所以他在 5 歲之前不得不在腿上帶著矯形器（因此，成名後的辛普森在眾多黑人心目中是一個非常勵志的形象）。歲月流逝，辛普森又多了一個弟弟和兩個妹妹，家庭成員的劇增使得家庭矛盾激化，辛普森的父母最終在 1952 年分居。

辛普森在十幾歲的時候就加入了一個名叫波斯勇士的幫派，這也導致他經常被帶去青年教導中心「做客」，幸運的是辛普森並沒有一直沉淪。他在中學時光中，一直為伽利略高中的橄欖球隊「伽利略獅子」效命。他開始頻繁出現在校園橄欖球賽賽場上，並且經常擔任進攻組的跑衛和防守組的後衛。由於辛普森在比賽中表現優異，他還被稱為所有初級學校足球隊中的最佳跑衛。

1967 年，辛普森正式開始橄欖球生涯，他在南加州大學中擔當校園

橄欖球隊的跑衛並由此開始成為一代球星。在1967年，辛普森帶球推進距離達到1,451碼，並有11次達陣，刷新了美國橄欖球史上的紀錄。1968年，辛普森再次以跑陣達1,709碼，22次達陣的紀錄贏得了海斯曼獎、馬克士威獎以及華特‧培頓獎，並創造了海斯曼杯歷史上最大的勝差紀錄。在進入職業賽場之後，辛普森曾先後在紐約水牛城鷹嘴隊、舊金山淘金者隊擔任主力，並創造出帶球突進2003碼的驚人紀錄，被稱為橄欖球職業比賽中「最佳跑鋒」。這一年，獲得諸多殊榮的辛普森急流勇退，以勝利者的身分退出體壇。

告別體育項目之後，辛普森又投身影視和廣告行業，他曾飾演《裸槍》(The Naked Gun) 和《天生殺手》(Natural Born Killers) 中的男主角，並在美國廣播公司和國家廣播公司擔任體育評論員，為美國最大的計程車公司擔任形象大使，又因為辛普森名字的英文縮寫OJ和橙汁的英文縮寫相同而拍攝過橙汁的促銷廣告，「果汁先生」也成為辛普森的暱稱，並使OJ這個單字成為當時美國體育英雄和超級廣告明星的代名詞。成名之後的辛普森卻和其他黑人明星不同，他不僅不熱衷於對貧困黑人的扶持，反而還花費重金聘請語音校正專家來改掉自己的黑人口音，他還熱衷於白人的高爾夫球運動，並對金髮碧眼的白人女性很感興趣。

1977年，辛普森在一家高級餐廳邂逅了一名叫妮可‧布朗 (Nicole Brown n) 的美麗白人少女（妮可當時年僅18歲），並迅速與她產生感情，不久之後便與自己的第一任黑人妻子離婚。1985年，辛普森和金髮碧眼的妮可結婚。時光流逝，婚後的妮可因為懷疑辛普森在外與其他女性有不正當關係而多次與辛普森發生爭執，兩人之間的關係開始出現裂痕並不斷加深。不久之後，妮可便多次打電話報警，指控辛普森對她實施家暴，但誰也沒有想到，這件事情會演變為一場凶案。

第十章　世紀審判—辛普森殺妻案

　　1994 年 6 月 12 日夜，位於洛杉磯市的一個豪華社區內，一隻瘋狂吠叫的秋田犬引起了周邊鄰居們的注意。當他們前來檢視的時候，卻看到了兩具血淋淋的屍體。警方在趕到後確認，死在門前的兩人分別是妮可‧布朗和羅納德‧高曼（Ron Goldman），兩人均是被利器殺害，死者的死亡時間大約為晚上 10 點鐘。警方迅速控制與被害人相關的人員，並獲知，案發當天，妮可曾帶著孩子到羅納德所在的餐廳就餐，在離開後又撥打該餐廳的電話說自己在用餐的過程中遺忘了一副太陽鏡，請餐廳的工作人員查詢並送還給她。羅納德在找到太陽鏡之後，告知同事自己會在下班後前去送還太陽鏡。

　　案發當晚，有 4 名警探前往死者前夫辛普森的住處，並在其門外停放的白色野馬型號汽車上發現有明顯的血跡，車道上也有血跡。在按鈴無果之後，警探便潛入辛普森家中，在他家的後花園找到一隻染有血跡的手套和其他證據。案件的主要證人是一名住在客房的朋友，他向警方供述稱，曾經聽到一聲巨大的聲響。

　　除此之外，一個接到辛普森電話預約的司機提供了另一條線索：當晚 10 點鐘左右，他接到辛普森的電話，來到辛普森的住處，準備接辛普森前往機場，但按門鈴卻沒有人回應，一直等到將近 11 點的時候，他隱約看到一個身材高大的黑人從街上跑進辛普森的住處，於是便再次前去按門鈴，這一次辛普森回應了他，並聲稱他剛才睡著了，隨後便搭乘該司機的車前往機場。

　　案發後，警方迅速通知辛普森，辛普森在芝加哥的酒店中接到警方通知之後，於當日早上趕回。趕回洛杉磯的辛普森有著較為明顯的受傷痕跡，在面對警察質問時，辛普森表示自己在接到前妻死訊的時候過於激動，不小心打破鏡子而劃傷了自己。這樣的理由顯然無法讓警方信

服，經過幾天的調查之後，辛普森被警方以重大嫌疑人的身分拘捕。

6月17日，辛普森的律師在準備陪同他前往警局的時候發現，本來待在樓上的辛普森竟然不知去向。沒有按期自首的辛普森駕駛著一輛白色福特SUV行駛在公路上，警方馬上展開抓捕行動。美國官方電視臺為了轉播該追捕過程，還中斷了1994年NBA總決賽的直播，因此這次警方追車、逮捕、審判的過程就成了美國歷史上最受關注的事件，這次審判也被稱為「世紀審判」。

在庭審之前，檢方認為：辛普森殺妻是有預謀的，作案動機是他所產生的強烈嫉妒心和占有欲。檢方提供證據，在辛普森和妮可離婚之後的一段時間內，辛普森對妮可和其他男人的約會都表現出了強烈的嫉妒，並且希望能夠和妮可再續前緣，但均沒有成功。案發當天，在女兒的舞蹈表演會上，妮可對辛普森十分冷淡，這種行為迫使辛普森產生殺機，羅納德則是因為誤闖案發現場而被辛普森偶然殺害。法醫鑑定死者的死亡時間為晚上10時至10時15分之間，而辛普森稱案發當晚9時40分至10時50分之間，自己在家獨睡，並不能提供證人。在整個審訊中，辛普森在律師的建議下依法保持沉默，拒絕出庭作證。

法院認為，檢方提供的證據是不合情理的，因為辛普森在案發當晚是要前往芝加哥的，並且他還提前預約了計程車來接自己，如果他是凶手，那他的這一舉動就意味著自己將自己作案的後路阻斷。因為他必須在1小時10分鐘之內驅車趕往案發現場，並尋找作案時機，用利器連殺兩人，然後逃離現場、藏匿凶器、血衣並清理殘留血跡，隨後趕往機場，而這就會使司機成為重要證人。不僅如此，警方認為這樣一個作案流程是不可能被辛普森這樣一個「業餘殺手」所完成的，而且對於第一次作案的辛普森來說，凶器的最佳選擇是槍支而不是利刃，因為利刃割喉

第十章　世紀審判—辛普森殺妻案

這種殺人方式並不是隨便一個人就能做到的，即便勉強做到，也會留下很多線索或者一些鐵證。

同時，辛普森的辯護律師認為，妮可很可能是被販毒集團或者黑手黨所殺害。因為，妮可曾經有過吸毒的歷史，如果他們之間的交易出現差錯，那麼很容易招來對方的毒手，而利刃割喉這種殺人手法正是黑社會所常用的。並且羅納德和妮可之間也存在著不為人知的關係，有人就曾看到羅納德駕駛著妮可那輛價值15萬美元的跑車兜風。不但如此，在1993～1995年之間，羅納德所任職的那家義大利餐廳就曾發生了4名雇員被殺或失蹤的案件。

對於美國法律來說，僅憑藉間接證據是很難判定被告有罪的。如果想要使用間接證據來判定被告有罪，那就必須使所有的間接證據相互印證，以此構成一個嚴密的邏輯體系。此外間接證據的蒐集和案情事實之間的關係應合乎情理、相互協調，如果有矛盾或者衝突出現，那麼間接證據就不會被採用。

在辛普森一案中，檢方所提供的證據全為間接證據，並且這些證據又不能組成一個嚴密的邏輯體系，所以辯方律師就可以依法嚴苛鑑別和審核這些「旁證」的正確性。

比如：檢方所提供證據之一是血跡化驗和DNA檢驗。在凶案現場的兩個位置曾發現了辛普森的血跡，並且現場所提取到的毛髮和辛普森的毛髮相同。警方還在現場找到了另一隻血手套，並且這兩隻手套上都有被害人和辛普森的血跡，警方在辛普森住宅前的小道上與二樓臥室中的襪子上以及白色野馬車中都發現了辛普森和被害人的血跡，這些證據看起來幾乎是「鐵證如山」的，似乎辛普森也無法抵賴。

但是辛普森的辯護律師認為這些證據疑點甚多。比如：襪子兩邊的

血跡是相同的，要知道如果辛普森在作案的過程中穿的是這雙襪子，那麼血跡是不可能從左邊直接浸透到右邊的，只有血跡直接透過左邊浸透到右邊的時候，兩邊的血跡才會一模一樣，也就是說，襪子上的血跡很可能是被人故意塗抹上的。並且在檢方所出示的現場照片中，於 4 時 13 分所拍攝的照片中並沒有血襪子，但是在 4 時 35 分所拍攝的照片中卻出現了血襪子，那麼到底是警方移動了血襪子還是它就在地毯上呢？對此疑問，警方的回答也是自相矛盾，並且辯方專家在襪子上的血跡中發現了濃度很高的防腐劑，因此辯方律師認為案發之後，警方在抽取辛普森血樣後新增了防腐劑，並偽造了假證。

此外，根據案發現場的勘察情況來看，身體強壯的羅納德曾經與凶手展開了一場激烈的搏鬥，他的隨身物品分散在四周各處，說明他與凶手搏鬥範圍很大，羅納德牛仔褲上的血跡是呈現向下流的形狀，說明他不是迅速死亡，再加上他被刺中 30 餘刀，失血過多，因此凶手身上也應該沾滿血跡，但是在野馬車上只發現了少量血跡，更讓人感到疑惑的是，為什麼凶手會在下車之後，在圍牆前和門前車道上留下很多明顯的血跡？而其他的地方則完全沒有？即便假設辛普森穿著血衣沿著車道進入住宅，又穿著血襪子進入二樓臥室，那為什麼沒有在燈開關和鋪滿臥室地面的白地毯上留下血跡？

在警方提供的證據中，還有 5 滴大小均勻的被告人血跡，這些外形完整的血跡在通往被害人公寓後院的小道上發現。但是辯方律師認為，如果辛普森在搏鬥中受傷，那麼他灑落的血跡應該呈撞擊狀態落地，因此血滴的外形不應該保持完整，並且人在受傷之後應該先大量流血，然後血量就會減少，所以血滴不應該是 5 滴相同、大小均勻的狀況。此外辯方律師依然在這些血跡中發現了濃度很高的防腐劑。

第十章　世紀審判─辛普森殺妻案

該案的另一有力證據就是在辛普森家中和案發現場分別發現的一雙手套。根據警方的證詞，警官福爾曼（Mark Fuhrman）在發現該手套的時候，手套外部的血跡還是溼的。辯方認為凶案發生的時間是 6 月 12 日深夜 10 點 15 分，而福爾曼發現手套的時間是 6 月 13 日早上 6 點 10 分，這其中有整整 8 個小時的時間差，血跡是不可能在 8 個小時後保持溼潤的。辯方多次以實驗的形式向法官以及陪審團展示。辯方認為這雙手套的證據很可能是福爾曼千方百計偽造出來的。

最後，警方為了證實辛普森是凶手，當庭要求辛普森試戴這副帶有血跡的手套。在法庭上，辛普森戴上了預防汙損的超薄型手套，然後試戴血手套，但在眾目睽睽之下，辛普森始終無法戴上手套。辯方立刻指出，這副手套太小，根本不可能屬於辛普森。

事實上該案件的真正轉折發生在負責該案件的警官福爾曼身上。福爾曼警官在案發當晚並不當值，但是他卻深夜出現在現場，並自告奮勇帶隊搜索辛普森的住宅，這不禁讓陪審團懷疑福爾曼的初衷。除此之外，辯方律師還接到檢舉稱，福爾曼是一位嚴重的種族歧視者，這嚴重摧毀了福爾曼證詞的可信性。除此之外，檢方所提供的其他證據也多有漏洞，甚至不能自圓其說，這導致陪審團的態度向辛普森傾斜。

1995 年 10 月 3 日是美國歷史上陷入「停頓」的一天。該日上午 10 時，在辛普森判決即將宣布的時候，美國上到總統，下到普通民眾都停下了手中的事情，一同關注「世紀審判」的結果。在美國官方的統計中，當日約有 1 億 4,000 萬美國人收看或收聽了這次審判的最後判決。在由黑人占多數的陪審團分析了 133 位人證所提供的 1,105 份證詞之後，法庭宣判辛普森無罪。

刑事審判結束 4 個月之後，羅納德的父親以非正常死亡為由起訴辛普森，而妮可的父親盧·布朗（Louis Hezekiah "Lou" Brown Jr.）則代表妮可與辛普森展開了「遺產大戰」，該案件儘管沒有在電視上播出，但同樣引起了社會的關注，最終被害人的家庭獲得了 3,350 萬美元的補償性、懲罰性損害賠償金。至此，辛普森殺妻一案塵埃落定。

　　誰都不會想到，13 年後，辛普森因入室搶劫而被指控，再次受到法庭審判。2007 年 9 月 13 日，辛普森帶領 6 人闖入一名體育紀念品商人的房間，一共搶奪 700 餘件體育紀念品。3 日後，辛普森被捕，他聲稱這些被搶來的紀念品都是 1994 年他的妻子被殺後失竊的。2008 年 10 月 3 日，位於美國拉斯維加斯的克拉克縣法院對辛普森搶劫一案作出判決：辛普森因綁架、武裝搶劫等罪名而被判處終身監禁。讓人感到巧合的是，13 年前的同一天辛普森則被判為無罪。

　　2017 年 10 月 1 日，已在雷諾東北部的監獄關押近 9 年的辛普森，獲假釋出獄，他的監管假釋期為 5 年。2024 年 4 月 10 日，辛普森因攝護腺癌在拉斯維加斯病逝。

第十章　世紀審判—辛普森殺妻案

第十一章　被侮辱與被損害的
—— 芝加哥連環姦殺案

更令人覺得諷刺的是，像保羅這樣毫無人性的惡魔，竟然會害怕自己殺害女童的事情激怒其他獄友，而被別人打死在獄中。保羅懇求警方幫他安排一個安全的監獄，作為交換，保羅會提供他殺害的其他被害人的姓名。

第十一章　被侮辱與被損害的—芝加哥連環姦殺案

1995 年 6 月 24 日，芝加哥郊區漢諾威公園內的一名住戶撥打了 911 報警電話。沒多久，一名警探就駕車趕到了漢諾威公園。報警的男子正焦急地在家中來回走動，他的兩名外甥女，22 歲的迪澤妮塔‧帕薩比格維克和 20 歲的阿梅拉‧帕薩比格維克（Dženeta and Amela Pašanbegović）已經失聯了將近 12 天。在這些天內，沒有人能夠得到任何與她們有關的消息。

迪澤妮塔和阿梅拉出生在波士尼亞，她們並不是美國公民，女孩的父母為了讓家族中僅存的兩個孩子避開戰火，決定將這對姐妹送到定居在美國的叔叔家。迪澤妮塔和阿梅拉在 6 個月之前飛往美國，這對兩名女孩來說本該是一件好事。

兩名女孩都不是嬌生慣養的孩子，她們在到達美國後沒多久就在芝加哥當地的一家工廠找到了工作。一開始，姐妹倆就住在自己的叔叔家，可是叔叔略顯古板的性格不被兩名女孩所喜歡，於是在她們在賺到第一筆錢之後就去外面租了屬於自己的房子。

在美國這樣一個崇尚自由的國度，兩名女孩第一次感受到了自由的魅力。兩名女孩和美國的大多數外來人口一樣，都在內心中規劃了一個美麗的「美國夢」，她們迫切地想要透過自己的努力來創造屬於自己的生活。

可是沒過多長時間，兩名女孩就因為一些原因被工廠解僱了，她們不得不重新找工作。女孩們研究了報刊上刊登的應徵資訊，她們決定去一家待遇不錯的購物中心面試。第二天，兩名女孩被朋友接走，此後，就再也沒有人見過這兩個年輕漂亮的異國女孩。

當地警方將這起失蹤案件按照常規的辦案流程來辦理，他們首先需

要調查與這兩名女孩親近的人，這些人包括女孩的叔叔、朋友、同事以及和她們有過約會的人。在調查這些的同時，警方還去了兩名女孩租住的公寓收集線索，但他們並沒有找到有效的線索，甚至沒有發現任何異常的地方，唯一讓警方覺得奇怪的地方是，她們養的一隻貓也不見了，因此警方認為這兩個女孩很可能是悄悄地去其他地方過週末了。

但隨著時間的推移，警方的這個猜測明顯是不對的，這種無聲無息玩消失的做法並不是女孩們的風格。女孩的父母幾乎每週都會和她們聯絡，父母用這樣的方法來確定女孩們是否安全，但現在他們已經有超過一週的時間聯絡不上自己的孩子了。

此外，讓警方感到擔心的是數月前他們曾在附近的郊區內發現了一位年輕女士的屍體殘肢。警方還在距離漢諾威公園1.6公里的一座公寓中找到了被害人的車。很明顯，這名被害人是被一個凶殘而又邪惡的人殺害了，這種殺人碎屍的手段證明凶手殺人只是為了讓自己開心。這讓警方懷疑那兩名女孩是否也遭遇了不測。當地警方決定將關於兩名女孩的失蹤案上報給FBI。

特別探員布萊恩·比恩負責此案。布萊恩調查那起碎屍案已經有幾個月的時間了，大範圍的搜查行動對於像這種擁有幾百萬人口的大都市來說是不能實現的，而被遺棄在漢諾威公園附近的被害人車輛，說明了凶手很可能就潛伏在漢諾威公園附近。所以布萊恩認為迪澤妮塔和阿梅拉的失蹤可能與自己正在追蹤的凶手有關。

FBI特別探員吉米·格雷茲加入調查組，幫助布萊恩調查失蹤的姐妹。特務們的首要調查對象是女孩們的兩名同事，這兩名同事一個是她們的好朋友，一個是其中一名女孩的男朋友，這兩個男孩都同意接受測

第十一章　被侮辱與被損害的─芝加哥連環姦殺案

謊。測謊結果和兩人不在場的證明都成立，這兩名男孩只是和兩名女孩比較親近，他們不是凶手。

特務們的第一次努力失敗了，但他們並沒有放棄。很快，他們就從調查中獲得了另一條有價值的線索。特務們發現，這兩女孩在面試的時候曾碰到過一名原來的同事──妮可，妮可和她們攀談，並告訴她們，她的一位朋友的丈夫開了一家清潔公司，這家公司正在招人。妮可極力推薦兩名女孩去那裡試試，隨後她還與兩名女孩相互交換了電話號碼。

特務們推測，在第二天早上，妮可的朋友開車來到女孩們的公寓，她以招募清潔人員為由將女孩們帶往格倫代爾高地的一棟房子（這座區域很大）。現在特務們面臨的問題是如何確定這個接走女孩的人的身分。

特務們探訪了該公寓附近的很多住戶，他們希望有人能夠看到那個女人接走兩名女孩的畫面，但這次探訪沒有得到有用的資訊。幸運的是，特務們找到了妮可，他們透過妮可得知那家清潔公司是一個夫妻店，經營者是保羅・朗格（Paul Runge）和沙琳・朗格（Charlene Runge）。

特務們馬上找到了保羅夫妻詢問這件事情，但保羅夫妻矢口否認。保羅稱他的妻子曾在房屋清潔公司工作過，而自己根本沒有經營過保潔公司，並且他也沒有見過迪澤妮塔和阿梅拉。特務們並不相信保羅的說法，保羅所講的一切不能說服警方，但警方也沒有理由將保羅羈押。特務們決定監視保羅，他們需要有力的證據。在監視保羅的同時，警方需要繼續撒網尋找其他嫌犯。

FBI和芝加哥警方用了一年的時間調查迪澤妮塔和阿梅拉的失蹤案，但他們沒有取得明顯的突破，就在他們繼續努力調查的時候，在距離芝加哥市區32公里的圖伊大道發生了一起火災，芝加哥消防大隊奉命趕去

救援。消防員從周圍鄰居的口中得知失火房子的主人是 30 歲的多蘿塔·朱巴克（Dorota Dziubak），人們沒有看到她從房子中逃出來。消防員馬上衝進屋子內實施救援，但他們只找到了多蘿塔的屍體。

消防員最初以為多蘿塔是被濃煙嗆死的，這場火災看起來就像是一個意外，但法醫的鑑定結果卻顯示多蘿塔死於謀殺。屍檢報告顯示多蘿塔是被人活生生扼死的，而且她還曾被人強姦，她身上的衣服是在死亡後被凶手重新穿上的。凶手這樣做就是為了讓人們誤認為這是一起意外，而不會讓警方將多蘿塔的死與性侵和謀殺聯想在一起。凶手在強暴並殺死多蘿塔之後在她的身上傾倒了促燃劑，然後他點火燒了整棟房子，但這場火被及時趕到的消防員撲滅，警方也因此掌握了部分線索。

在得知這起縱火案之前，芝加哥警方就曾接到一通報案電話，打電話的人是多蘿塔的好朋友，但就在探員們趕往多蘿塔家的時候，消防隊正在撲滅大火了。案件發生後，芝加哥警方聯絡了那位打電話報警的女士。

從這位女士口中，警方得知多蘿塔曾想要賣掉屬於她的這棟房子。而在案發當天曾有人前來看房，在這個人來看房的時候，多蘿塔正和她的好友通電話（打電話報警的那位女士）。多蘿塔看到這個敲門的人之後覺得有些不舒服，她用當地的方言對她的朋友說：「這個看房的人讓我有些不舒服，他本該和他妻子一起來的，但他自己來了，我感覺有些不妙。」多蘿塔的朋友問她是否要幫她報警，多蘿塔想了想決定讓她朋友在 5 分鐘之後打電話給她，如果她沒接就報警。5 分鐘後，她的朋友打電話給多蘿塔，但她的電話並沒有接通。多蘿塔的朋友馬上撥打了 911 報警，但等警方趕到的時候，消防員正在撲滅大火。

第十一章　被侮辱與被損害的─芝加哥連環姦殺案

這起案子看起來和公園碎屍案以及兩姐妹失蹤案並沒有什麼關聯，殺手的殺人方法和作案過程也完全不同，芝加哥警方認為這可能是一起突發性謀殺案，他們並沒有往連環殺手的方向想，他們需要盡快破案（當地發生的刑事案件，須由當地警方處理，如果當地警方不邀請 FBI 參與，那 FBI 是不能參與調查當地發生的刑事案件的）。

芝加哥警方詢問了多蘿塔的朋友和鄰居，但他們都不知道當天前來看房男子的相貌和住址。警方也不能在犯罪現場找到任何有效的物證，大火幾乎摧毀了一切。就在芝加哥警方努力搜尋線索的時候，FBI 的特務決定將調查的重點繼續放在保羅身上，他們總有一種感覺，凶手一定就是保羅·朗格。

FBI 動用資源調查了保羅的過去，這讓他們更加堅信內心中的想法。保羅·朗格曾在 17 歲的時候野蠻地強暴並毆打了一名 14 歲的女孩。在這場噩夢中，保羅用鐵鍊將被害人綁在桌子、椅子或者室內的任何地方施虐，他將被害人的頭用布蒙上，然後拖著赤裸身體的被害人在屋子中來回走動，他還用鐵器和拳頭擊打女孩的頭臉，而他在做這些事情的時候，他的父母都在家。女孩在保羅睡著的時候逃了出去，他的罪行才被警方得知，法院判定保羅有罪，他們判保羅在監獄中待 14 年。

保羅在入獄 7 年後被人保釋，而他被保釋之後不久，就發生了公園碎屍案，幾個月後帕薩比格維克姐妹失蹤。這些資訊無不顯示保羅就是那個嫌疑最大的人。

特務們高度重視這一情況，他們組織了大量監視人員全天 24 小時監視保羅的行蹤。特務們雖然沒有足夠的證據向上級申請搜查令，但他們有權搜查保羅的車輛，他們在保羅車子的後車廂中發現了一灘血跡，但

這些已經乾涸的血跡不足以進行 DNA 採集。

特務們將監視保羅作為工作重心，他們需要總結出保羅的行為習慣以及保羅都和哪些人接觸。他們還監聽了保羅的幾通電話，他們希望保羅會在和某人通話的時候提到他所做過的事情。

特務們的監視持續了好幾個月，但他們不知道的是，保羅早就發現自己被監視了。保羅是故意假裝自己沒有察覺，但漸漸地保羅有些不屑和特務們「競技」，每當他看到特務們監視時所使用的車輛時，都會對著車輛，將自己的右手食指放在眉前，做一個看似像是敬禮實則鄙視的動作，他用這個動作向特務們發出挑釁。

慢慢地，保羅不再滿足於這種挑釁，他決定玩一次大的。有一次，特務們發現保羅偷偷將一個行李箱放在了車裡，然後他在市區內繞了幾圈，假裝自己將特務們甩掉之後直接衝向機場。在機場，保羅棄車，然後拖起行李箱快速向登機口跑去，FBI 的監視人員以為保羅想要潛逃，他們迅速衝了上來將保羅按住，他們認為保羅的箱子內一定藏著不可告人的祕密，但當他們開啟箱子的時候，保羅突然放肆地大笑了起來，原來箱子內裝的全是一些洋娃娃，監視人員不得不將保羅放走。保羅臨走前還得意地說道：「你們今天什麼證據都不會得到，祝你們愉快。」保羅覺得他是在和「傻子」玩耍，他認為自己要比特務們聰明得多。

FBI 決定換一種方法，他們安排一名女特務假扮成一名購買鞋子的女士去保羅的鞋店內買鞋。保羅果然十分熱情，他親自拿來鞋子替女特務換上，他和這名「顧客」聊得很投機，但就在保羅問這名「顧客」住在哪裡時，女特務回答的「漢諾威公園」引起了保羅的警惕。保羅突然「冷」了下來，他對這名「顧客」說：「替我向妳在外面等著的同伴問好！」

第十一章 被侮辱與被損害的—芝加哥連環姦殺案

保羅的機警讓特務們毫無辦法，他們幾乎不能從保羅身上得到任何有效的證據。

1997年2月3日，在芝加哥北拉勒米大道上發生了一起火災，而消防員在撲滅大火之後在這棟房子內發現了35歲的職業女性尤蘭達·古提爾斯（Yolanda Gutierrez）和她10歲的女兒潔西卡·穆尼茲（Jessica Muniz）的屍體。法醫認定致使她們死亡的原因並不是火災。

警方在對現場復原之後發現，尤蘭達和潔西卡是被人暴力制服的，她們被反綁在床上，凶手在對她們實施強暴之後用利刃將她們的喉嚨切開。殺死兩人之後，凶手在她們身上傾倒了助燃劑，然後放火燒屍、毀滅證據。凶手簡直是一個滅絕人性的惡魔，他就連潔西卡這樣一個剛上五年級的小女孩都不放過。

凶手的行為讓警方憤怒，他們拚命收集證據，一門心思要將這個惡魔繩之以法。芝加哥警方認為這起縱火案可能和上一起縱火案沒有關聯，因為很多凶手都會用縱火的方法來掩蓋罪行，而且這起案件中凶手使用的殺人方法和上一起並不相同，因此他們並沒有將兩起案件放在一起調查。

警方意外地從潔西卡身上獲取到了凶手的精液，他們從這些精液中分離出了凶手的DNA，並將這組DNA拿去與任何和潔西卡母女接觸過的男子作比較，但他們都是清白的。

芝加哥警方和FBI的調查都陷入了停滯，芝加哥警方是有證據，但沒有線索，而FBI是有線索，卻沒有任何證據。

FBI決定搜查保羅夫婦傾倒的垃圾，而這個選擇給他們的偵破成功帶來了重大突破。在經過將近1年毫無效果的監視之後，FBI從保羅丟

棄的垃圾中找到了一張筆記本紙。這張紙上有一個電話號碼、走失姐妹的名字以及部分住址，而這個電話正是這對姐妹的電話。現在 FBI 終於能夠證明保羅夫婦曾對自己撒謊，這張紙條證明了他們不但認識兩姐妹，而且還提供了房屋清潔的服務。

特務們馬上向上級遞交了申請搜查和逮捕的文件，但是他們掌握的證據是間接證據，這樣的證據不足以申請到逮捕令，他們僅僅獲得了搜查保羅房子的搜查令。在保羅家的地下室內，特務發現了數量眾多的武器。這些武器不但包括弩和高壓電槍，還有很多鋒利的格鬥刀和蘭博刀。這些刀具都是非常適用於肢解屍體的，FBI 將這些武器全部沒收了，他們要將這些武器送去實驗室做實驗，他們想要從武器上得到能夠將保羅關起來的證據。

實驗結果再一次讓特務們失望了，實驗室沒有從武器上得到任何有用的線索。無法逮捕保羅成了特務們的心病，他們開始嘗試任何一種能夠獲取證據的方法。他們訪問保羅的前獄友，保羅原來的高中校友，甚至保羅的妻子。

就在 FBI 不斷努力的時候，芝加哥再一次發生了縱火案。1997 年 3 月，在芝加哥肯尼斯大道上，又有一棟房屋失火，而這棟房屋內同樣有一名女性的屍體。死者是卡濟梅拉・帕路亞（Kazimiera Paruch），卡濟梅拉也是一名想要出售房屋的單身女性，凶手的作案手法與第一起相似，他在強暴被害人之後將其殺死，隨後在屍體上傾倒助燃劑燒屍毀證。

卡濟梅拉的屍體在浴室中被發現，她屍體的頭部有嚴重的鈍傷。警方透過還原現場推斷，卡濟梅拉死前曾進行了猛烈的反抗，她曾拿起一把鐵器反擊，試圖救自己，但她也是被凶手用這把鐵器殺死的。

第十一章　被侮辱與被損害的—芝加哥連環姦殺案

芝加哥警方終於從這三次火災中看出了它們之間的關聯，他們也成立了特別小組專門負責偵破這幾起凶殺案，但芝加哥警方和 FBI 都沒有發現他們其實都在調查同一個人，同一個殘忍而喪失人性的變態。

1997 年 5 月，芝加哥警方正在擔心自己的轄區內很可能出現了一名連環殺手，而 FBI 則在盡全力想要抓捕保羅·朗格。FBI 的特務在幾番搜查無果後，決定使用最後一個辦法。特務們利用在 1996 年從保羅地下室中搜查到的武器來向法官證明保羅違反了假釋出獄的條例。FBI 在聯繫了保羅的假釋官之後，他們向監獄鑑定委員會呈上了他們所掌握的證據，他們著重強調了這些武器的作用和危害。特務們成功了，上級批准將保羅再次逮捕入獄。

保羅終於被警方暫時羈押起來，特務們決定在這個節骨眼上策反保羅的妻子沙琳。特務們可以確定，沙琳一定參與了保羅的行動（關於兩姐妹的案件）。當沙琳得知警方已經找到那張帶有她指紋的紙條時，她的心理防線崩潰了，沙琳在和她的律師商議之後，決定向特務們坦白，但她要求得到豁免權。

從沙琳口中講出的真相讓 FBI 難以相信。沙琳承認她聯絡了帕薩比格維克姐妹，並以應徵清潔工為由驅車將她們帶回家。到家之後，沙琳讓兩名女孩自己進屋，但她並沒有進去。幾分鐘後，兩姐妹中的一人一邊尖叫一邊從室內衝了出來，保羅從身後趕上，他扯住這名女孩的頭髮將她拖進屋子。在拖動時保羅還將女孩的頭撞向房門前的石階，一直到女孩被撞暈之後，他才將女孩抱進室內。

沙琳告訴特務，她在看到這一幕之後就離開了，一直到晚上她才回家，那時候她只在家中的地下室內發現了一些裝得很滿的黑色垃圾袋，

她懷疑保羅可能肢解了屍體，並將它們裝在垃圾袋中，保羅會將這些屍塊丟進廢料箱內處理掉。

　　就在特務們準備對付保羅的時候，芝加哥警方也發現了一條驚人線索。芝加哥警方決定動用 DNA 檢測技術，他們透過實驗室重新檢測了所有證據樣本。在將這些整理過的樣本與 FBI 資料庫內的數據對比之後，警方找到了符合對象——保羅·朗格。這是警方所掌握的第一筆可靠的實體資料，來自潔西卡體內的精液成了釘死保羅的最後一支利箭。

　　芝加哥警方和 FBI 馬上制定了一個計畫，保羅現在還不知道他的妻子已經被特務們策反，而且警方已經掌握了決定性的證據。他們決定投其所好，他們會讓保羅在審訊的過程中「勝」過自己，然後再拿出證據擊潰保羅的心理防線。在保羅的心理防線被警方擊潰之後，他們從保羅的口中得知了他那令人毛骨悚然的作案過程。

　　更令人覺得諷刺的是，像保羅這樣毫無人性的惡魔，竟然會害怕自己殺害女童的事情激怒其他獄友，而被別人打死在獄中。保羅懇求警方幫他安排一個安全的監獄，作為交換，保羅會提供他殺害的其他被害人的姓名。

　　保羅最終承認自己殺死了 8 名婦女，上述的所有案件都是保羅所為。他為了躲避警方的追捕，在殺害 3 人之後改變了作案手法繼續作案。在供認罪行之後，保羅隨意訴說著他殺人的細節，他冷漠得像一臺機器。

　　保羅在陳述自己的作案過程的時候沒有流露出任何感情。保羅甚至坦然講述，他在肢解帕薩比格維克姐妹時因為太熱而赤裸身體「工作」。鋸子就是他的作案工具，他通常不會破壞被害人的頭，但他會像鋸樹木

第十一章　被侮辱與被損害的—芝加哥連環姦殺案

一樣鋸掉被害人的四肢並將她們的胸腔破開分解。

在保羅敘述自己殺害潔西卡和她母親的供詞中，我們會發現他從沒有提到過關於母親或女兒的哭泣、尖叫或者慘呼，他就像是一臺完全不帶情緒的複讀機。

2006年，保羅·朗格被法院定罪，警方的指控成立，他被判死刑。5年後，伊利諾州廢除死刑，保羅被改判為終身監禁並不得保釋，這個惡魔將在獄中為他所犯下的罪孽贖罪。

第十二章　心理扭曲的凶手
── 神祕消失的男孩

　　FBI透過胡安的表現推測出，胡安是想要將事情的真相告訴警方的，但他所做的事情過於變態，這讓他羞於啟齒。在經過50個小時的盤問之後，胡安提出了一個特殊的要求：「能給我一些牛奶嗎？」調查員知道他想要喝牛奶是因為胃灼熱，胡安在喝了牛奶之後終於說出了真相。

第十二章　心理扭曲的凶手—神祕消失的男孩

　　1995年9月11日下午3時左右，一輛校車停靠在了邁阿密雷德蘭茲農村社區附近，9歲大的吉米·里斯（Jimmy Ryce）一邊和車掌道別，一邊走下了車。車掌很喜歡這個乖巧聽話的男孩子，她看著吉米獨自走向十字路口，她知道那裡距離吉米的家只有兩分鐘的路程。作為一個農業社區，雷德蘭茲是非常適合孩子們成長的，它不僅沒有大城市複雜，還有著許多有趣好玩的事情，吉米就非常喜歡這個地方。

　　每週一吉米都會在上完一節鋼琴課後步行回家，這是慣例，通常情況下吉米的媽媽克勞迪娜（Claudine Dianne Ryce）會在家裡等他。可是今天有些不同，吉米的父母有一樁很重要的生意要談，他們不得不離開家，在離家之前吉米的媽媽僱用他們的鄰居、一位年近18歲的少年在家照顧吉米，並許諾會付給他報酬。

　　當日下午4時，當唐（Don Ryce）走進旅社房間的時候，發現妻子克勞迪娜很緊張，她正慌亂地打點行李。在看到唐的一瞬間，克勞迪娜焦急地對唐說：「吉米沒有回家，我剛打電話問，吉米到現在還沒有回家！我們回去吧，我們訂頭等艙回去吧！」話音未落，克勞迪娜的眼淚就流了出來。

　　唐看到妻子的樣子就知道發生了非常不好的事情，要知道吉米是一個非常聽話的孩子，他和其他孩子不同，從來不會擅自去某個地方，每次出門時吉米都會向父母說明自己將要去的地方。唐首先打了通電話給家裡，他讓他的大兒子泰迪先去附近、車站等地方找一找，去問一問鄰居和幾個與吉米要好的朋友有沒有看到過吉米。接著，唐又打電話給吉米的學校，確認了吉米曾搭乘校車回家，在得知泰迪沒有找到吉米的情況下，唐迅速退了飯店，駕車帶著克勞迪娜向家趕去。

在返回的路上，唐首先向雷德蘭茲警方報案，當地警方在收到報案之後隨即通知了人口失蹤部門展開調查。克勞迪娜一直在祈禱，他們知道不妙的事情很可能已經發生了，但他們希望歹徒只是求財，不要傷害吉米。焦急的情緒迫使唐不斷加快車速，即使他的這種行為已經觸犯了交通法規，但對於父母來說孩子的失蹤是他們生命中最讓人感到絕望的事情，他們要不顧一切找到吉米。

　　當唐和克勞迪娜趕到現場時，雷德蘭茲警方正在了解情況，他們出動了直升機搜索，整個小鎮的人都得知了這件事情，他們圍著唐的家關注著這件事情的進展，不停閃爍的警燈和「嗡嗡」直響的直升機構成了一幅噩夢般的畫面，這幅畫面深深牽動著里斯夫婦的心。

　　失蹤人口部的胡安·穆里亞斯警探負責此次案件的調查，他決定先從手中所掌握的線索開始。他們首先詢問了當天照顧吉米的保母弗雷德，得知了吉米的穿著和他所使用的書包的顏色。這名男保母向警方講述，吉米今天早上起床較晚，他錯過了校車，弗雷德就讓他的女朋友送吉米去學校。在乘車的時候，吉米還曾因為不認識弗雷德的女朋友而拒絕搭乘他女朋友的車，一直到弗雷德解釋之後，吉米才勉強同意乘坐。

　　警方透過這個資訊推測出吉米的防範意識很強，這就意味著他被誘拐的可能性很小，被綁架的可能性很大。儘管警方尚且不知道歹徒的作案動機，但綁架也就意味著小吉米目前是安全的，這無疑是一個很好的消息。

　　當地警方急需得到更多幫助，他們第一時間聯絡了 FBI，FBI 最權威的人口走失專家和最豐富的資訊資源將為他們提供幫助。特別探員查德·倫恩非常關注此案，他認為對於一個走失的孩子來說，如何在 24 ～

第十二章　心理扭曲的凶手—神祕消失的男孩

28 小時之內確定他的位置是最重要的，這是經驗使然，在 FBI 所經手的眾多人口走失案中，能夠在這個時間段被確定位置的人，基本上都活了下來。所以，如果可以在這個時間段內確定孩子的位置，那就相當於把握了孩子活下來的最好機會。

查德需要掌握一切和吉米有關的事情，他們透過搜查他的房間，詢問他的親人來展開被害人研究。這個喜愛運動、讀書、音樂的 9 歲小男孩無疑是一個最聽話乖巧的孩子，任何人看著他就像看到自己的親生孩子一樣，可是他已經失蹤整整 48 個小時了，警方依然沒有取得任何有價值的線索，這讓人很沮喪。

警方順著僅有的幾條線索展開調查，他們首先要完成的是基礎調查，即調查吉米的家庭和親人，他的父母、兄弟都必須用不在場的證明來證實自己的清白。

特別探員韋恩·拉塞爾負責這方面的調查，他首先確認了唐·里斯和克勞迪娜·里斯的清白。唐和克勞迪娜是再婚，他們之前都有過一段婚姻並有著自己的孩子，再婚後就連他們自己都沒有想到還能再次生育一個小孩，巨大的驚喜使他們十分喜愛這個孩子，這個孩子給了他們極大的快樂。探員們再次得知了吉米並不是因為家庭原因而出走的，他的生活很幸福，與家人相處得很愉快。

在和唐的談話中，警方得知唐和克勞迪娜都是律師，這讓他們非常警惕，是不是里斯夫婦因為工作得罪了某些人？會不會是有些糟糕官司的當事人或憤怒的客戶試圖報復他們？或者有些人垂涎他們的財富，想要透過綁架吉米的方式勒索他們？這成為警方調查的重點之一，FBI 開始監聽唐一家人的所有電話。

同時，警方開始監視最後一個看到吉米的人 —— 弗雷德，但他不在場的證明也成立（弗雷德因為需要購買生活用品，回家的時間較晚），吉米的哥哥泰迪不在場的證明也成立。

　　至此，調查員決定放寬調查範圍，他們開始詢問校車司機，但司機並沒看到任何異常情況。調查員開始搜查吉米可能前往的幾個街區，盤查吉米家周圍的鄰居，在這裡他們發現了一條新線索。吉米家的一個鄰居承認他跟 9 歲的吉米關係並不好，他不喜歡他，因為吉米曾經丟石頭打碎過他家的玻璃窗。當警方繼續詢問的時候，他突然警惕起來，他開始拒絕回答警方提出的任何問題，而且他還不願意告訴警方吉米失蹤的時候他在哪裡，並且拒絕測謊，這使得警方非常懷疑他，FBI 決定監視他。

　　在這個時間段，政府召集志工搜查了社區附近的區域，警方出動巡邏車和直升機大範圍管制公路和搜查偏遠地區，志工還自發地在各個路口發放印有吉米資訊和笑臉的傳單，但是這些措施都沒有得到結果，每天都是這樣，這讓人感到絕望。

　　警方最初認為吉米很可能是被綁架了，有人想用吉米來換取財富，但他們的想法看來並不正確，勒索電話至今沒有出現，隨著時間的推移，警方不得不做最壞的打算，吉米很可能是被性變態誘拐了。在當時，美國存在著數量超乎想像的兒童誘拐案，而這些案件的動機是性。性變態者為了滿足自己內心變態的慾望而傷害孩子們。

　　FBI 調出了性犯罪者檔案，他們需要知道是否有性犯罪者住在吉米家附近。在以吉米家為中心向周邊輻射 16 公里的區域內，探員們發現這座區域內共有 27 名有犯罪紀錄的性犯罪者，他們開始對這些人進行排

第十二章　心理扭曲的凶手—神祕消失的男孩

查，他們要仔細詢問該區域內的每一個性犯罪者。

一週的時間過去了，唐決定在附近的公園舉行一個燭光祈禱晚會，他認為僅僅在當地搜索吉米是不夠的，便利用這個機會登上了電視，他要讓美國各地都知道吉米的事情，讓尋找吉米的行動在全國展開。

唐的行動遇到了阻礙，他們在聯邦政府大樓上張貼失蹤兒童照片的行為是不被美國憲法所允許的。這讓唐非常憤怒，他決定遊說佛羅里達州州長和總統比爾·柯林頓修改法律。他們還發動志工聯名向美國總統提交了請願書，請求美國政府透過准許在所有聯邦政府大樓張貼失蹤兒童照片的法案。

唐透過媒體向外界公布，如果有人能夠讓吉米在他 10 歲生日前（9月 26 號）回家，那他們就會向對方提供 10 萬美元的獎金，唐決定賣掉一切來換取吉米的平安。

唐的懸賞公布不久，警方就收到了各式各樣的線索，有些人會以很「合理」的理由跟警方通話，他們聲稱自己在某個地方看到了吉米，或者在某個角落找到了吉米的書包，但這些線索並不真實，也不能給警方任何幫助。儘管大家十分努力，可是在吉米 10 歲生日的那天，人們依然沒有找到吉米。這一天，克勞迪娜為吉米舉辦了生日派對，並在舉行派對的時候邀請了媒體，吉米的親人都為他準備了禮物，他們把禮物開啟並為吉米祈福。

10 月 4 日，在調查進入第三週的時候，警方收到線報，有人在一輛漆著彩色底漆的雪佛蘭卡瑪洛車裡看到了吉米，開車的司機是一名白人男子。FBI 迅速出動，他們在最短的時間內追到了這輛卡瑪洛車，但讓人感到可惜的是，這個孩子並不是吉米，他只是體型和吉米有些相似。

這幾週以來，警方一直監控著那位並不喜歡吉米的鄰居，在幾番交涉之後，這名奇怪的鄰居終於證明了自己，他有不在場的證明。這也意味著警方手中的又一條線索斷了，尋找吉米的機會越來越渺茫。無論吉米是活著還是已經死去，警方都不會放棄調查，直到找到吉米為止。

　　探員們繼續在吉米走失的區域內調查已知的性犯罪者。在這時，一名送麵包的貨車司機闖入了警方的視線。這名男子在距離吉米家 800 公尺的地方接觸過吉米的一位好友，在接觸過程中，這名男子對吉米的好友露陰，而他也因猥褻和露體罪被警方逮捕。探員們推測，如果這名男子經常在這座區域活動，那麼他很可能與吉米的失蹤有關。

　　FBI 開始監視這名司機，11 月 1 日，吉米失蹤後第 51 天，調查人員再次獲得一條重要線索，一位佛羅里達州克里爾沃特區的警官稱自己在一個餐廳外看到了吉米，他當時看到一名貌似吉米的男孩和兩個男人一個女人在一起，看他們的樣子，男孩很明顯被大人們威脅著，他極不情願地坐進了一輛帶有宗教符號的小貨車。如果這名男孩就是吉米的話，那真是一個好消息。聯邦調查局的探員聯合當地州警迅速趕到現場，他們馬上就找到了這輛帶有宗教符號的小貨車的擁有者，這個人是一名牧師，但和他在一起的孩子並不是吉米，這又是一個錯誤的消息。

　　很快，感恩節到了，里斯夫婦艱難地度過了這個本該高興的節日，節日會加重他們對吉米的思念。儘管警方的搜查總是不能得到好的結果，但他們從未放棄，探員們繼續監視著他們認為最具有嫌疑的人——在吉米家附近活動的送麵包司機。

　　12 月初，探員們決定安排這名麵包師參加測謊，而此時里斯夫婦則搭乘飛機前去參加一檔全國性的談話節目，他們想要透過這檔節目來尋

第十二章　心理扭曲的凶手—神祕消失的男孩

找吉米，但他們所不知道的是，導致吉米消失的原因其實就在邁阿密。

在距離吉米家 11 公里外的一處農場中，農場的主人蘇珊·沙因豪斯（Susan Scheinhaus）在整理自己首飾的時候發現自己的一副名貴耳環丟失了，在尋找這對耳環的過程中她還發現她放在抽屜內的一支女士手槍也不見了。蘇珊的家距離小鎮有一定的距離，她家周圍沒有其他鄰居，而且她屋內也沒有被盜竊的痕跡，因此蘇珊懷疑偷她東西的人一定是住在農場內的人。

和蘇珊一同住在農場內的只有兩人，她的父親和她所僱用的長工胡安·卡洛斯·查韋斯（Juan Carlos Chavez）。蘇珊決定搜查一下胡安所居住的拖車，之所以這樣做，除了她父親不需要偷她的物品以外，更重要的是胡安最近的一些行為也引起了她的疑心。

28 歲的胡安是一名古巴人，他在過去的一年裡一直都在蘇珊的農場工作，作為交換，蘇珊允許胡安居住在自己家的拖車內。因為胡安完全聽從蘇珊的安排，所以蘇珊很相信他，她在外出的時候不會將房門鎖上，胡安可以自由出入蘇珊的房子。即便是現在，蘇珊也不覺得胡安會偷竊自己的東西，但她決定在胡安不在的時候去他的拖車內看一下。

蘇珊和父親商議，由父親帶胡安去城內玩一整天，而她則在胡安外出的時候進入拖車檢視。進入拖車後，蘇珊在桌子上看到了她丟失的槍和耳環，而且在搜查衣櫃的時候她竟然發現了一個孩子的書包。這讓她感到不妙，她急忙找來她的兒子，她兒子在書包內找到一本課本，課本上用稚嫩的字型寫著一個名字——吉米·里斯。在這個社區內，沒有人不知道吉米是誰，蘇珊馬上打電話給聯邦調查局，他們發現了吉米的書包。

警探們迅速來到蘇珊家的農場，他們知道沒人會在這種情況下保留吉米的書包，這條線索很可能就是找到吉米的關鍵所在。警方在拖車內除了找到吉米的書包之外並沒有獲得其他線索。

就在這個關鍵時刻，蘇珊向警方透露了一條重要線索，在吉米·里斯被報導失蹤的那一段時間，平日裡從不收拾屋子的胡安破天荒地打掃了拖車，並替拖車換了新地毯。這讓警方更加堅定了之前的想法。

半個小時後，胡安回到了農場，警察迅速制伏了他，將他帶到警局接受調查。胡安在被捕的時候很冷靜，他一句話也不說，默默地跟著警探回了警局。當天晚上，唐和克勞迪娜也回到了家鄉。在審訊室內，調查員質問胡安為什麼藏有吉米的書包，胡安的回答非常簡單，他說這是吉米讓他保管的，是當天吉米在農場餵馬之後留下的。審訊人員當然不可能相信胡安如此拙劣的謊言，他們繼續審問胡安。

與此同時，探員倫恩和蘇珊一起在農場內檢查，他想要找到一些其他證據。在一處樹叢內，倫恩發現了三個很大的水泥花盆非常突兀地擺在那，而在這些花盆四周則丟著六七條狗的屍體，這些狗屍使整座區域內都充斥著惡臭。搜索行動一直持續到晚上，除了那三個水泥花盆和一些狗屍之外，警方沒有發現其他異常的地方。

FBI決定對胡安使用測謊器，測謊器證實了胡安在說謊，沒有透過謊言測試的胡安逐漸經受不住警方的壓力。數小時之後，他崩潰了，承認了一些可怕的事情。

在吉米失蹤的那天下午，天色將近黃昏的時候，胡安正在關閉農場周圍的欄杆，做完這一切他準備開車回家，但他並不知道吉米就在卡車後面，在倒車的時候將吉米撞在了柵欄上誤殺了他。探員們迅速趕到農

第十二章　心理扭曲的凶手—神祕消失的男孩

場驗證胡安所說的話，他們帶了一位車輛謀殺方面的專家，經過專家的測量發現，吉米的身高和卡車後廂的高度是不匹配的，也就是說，胡安在撒謊。

隨即，胡安再次更改他的口供，他告訴偵探，他的一個朋友在街上抓了吉米，他朋友把吉米帶進拖車，拔出手槍想要射殺吉米，胡安看到之後想要阻止他，在他們奪槍的過程中，手槍走火殺死了吉米。他和他朋友一起將吉米的屍體扔進了運河。警方馬上派遣打撈隊前往農場附近的運河中打撈吉米的屍體，但他們並沒有找到吉米。

FBI透過胡安的表現推測出，胡安是想要將事情的真相告訴警方的，但他所做的事情過於變態，這讓他羞於啟齒。在經過50個小時的盤問之後，胡安提出了一個特殊的要求：「能給我一些牛奶嗎？」調查員知道他想要喝牛奶是因為胃灼熱，胡安在喝了牛奶之後終於說出了真相。

9月11日，胡安在路過運河的時候看到一群只穿著內褲的男孩在那裡游泳，這讓他感到很興奮。他開著車沿著公路向北走，看到吉米正一個人步行回家，吉安迅速將車開到吉米前面停下，他開啟車門用手槍指著吉米說：「你今天想不想死？」吉米說：「不想。」胡安大聲說：「進來！」他強迫吉米進車，然後將車開進馬房，把吉米挾持到拖車內，在這裡他侵犯了吉米。

晚些時候，胡安聽到頭頂有直升機飛過的聲音，他伏在窗前觀察，吉米趁胡安分神的瞬間試圖逃跑，但他驚動了胡安，在吉米跑到拖車門口的時候，胡安開了槍，子彈從吉米的後背射進他的右胸腔。胡安一直捆著吉米，直到他死去。胡安在把吉米的屍體丟在一輛廢棄小巴士上三天後，將吉米的屍體肢解了。胡安把切碎的屍體放進了三個容量約為95

升的塑膠花盆內，然後用水泥封死花盆。他又殺死了農場內的幾條狗，將這些狗的屍體丟在花盆附近以掩蓋屍體腐爛的味道。

聯邦調查局帶走了花盆，他們在花盆內部找到了孩子的屍體，牙醫紀錄證實了這具屍體就是吉米·里斯的。沒有人能夠忘卻吉米的經歷，這個乖巧的孩子是如此的不幸，里斯夫婦在悲痛中公布了這個消息，他們透過媒體感謝了曾經幫助過他們、幫助過吉米的人。

1998年，在案件審理期間，胡安撤銷供詞並聲稱自己是無辜的，陪審團拒絕相信他。最終，法庭以綁架、性侵以及一級謀殺罪的罪名判處胡安死刑。

同年，唐和克勞迪娜站在柯林頓總統的身旁看著他簽署了那份法令。至此，在聯邦建築以及公園內張貼失蹤兒童照片將合法化。唐出資設立了一個培訓機構——吉米·里斯性誘拐被害人幫助中心，這個機構將專門培養處理兒童誘拐案件的執法人員。

2009年克勞迪娜·里斯在悲痛和思念中因心臟病去世，唐知道妻子已經和吉米團聚了，總有一天他也會和他們團聚，這讓他感到稍許安慰。

第十二章　心理扭曲的凶手—神祕消失的男孩

第十三章　亡命天涯
── 綁架越獄覆滅記

　　馬力歐開始籌劃越獄，他一定要從監獄裡出去，只有這樣才能夠再次報復謝麗爾。馬力歐是一個思維縝密的人，他在做任何事情的時候都非常專注，會仔細考慮並規劃好自己的每一步行動，這樣就會讓他少出差錯。一個擁有這種特性的犯人，是最令人感到恐懼的。

第十三章　亡命天涯─綁架越獄覆滅記

1995 年 9 月 16 日，在美國密西西比州格爾夫波特市發生了一起詭異的綁架案件。案發當天，當地警方接到一名叫謝麗爾·薩特比（Cheryl Centobie）的女士報案，她發現和她感情不和的丈夫馬力歐·薩特比（Mario Centobie）正潛伏在自己的家門外（謝麗爾已經透過法律程序禁止馬力歐接近她和她剛滿 6 歲的孩子），這讓她很擔憂。當地警方趕到謝麗爾家裡的時候，馬力歐已經消失了。

但是，在警察離開後的深夜裡，馬力歐又一次來到謝麗爾的門外。驚慌失措的謝麗爾迅速跑到兒子的臥室將房門反鎖，並撥打 911 通知警方，可是電話並沒有接通，「嘟嘟」的忙音讓謝麗爾更加驚懼，此時馬力歐已經帶著槍衝了進來，他用槍逼迫謝麗爾帶著孩子和自己一起離開。

第二天，當地警方接到了謝麗爾父母的求助電話，當他們迅速趕往謝麗爾家時，謝麗爾和她的孩子已經消失了。此時，警方立刻將謝麗爾的前夫馬力歐·薩特比設定為頭號嫌疑犯，並馬上展開調查。

在美國的聯邦憲法中，「綁架」屬於聯邦犯罪，這種案子是非常緊迫的，必須馬上和 FBI 取得聯絡，以便於及時獲取對方掌握的資訊，並得到 FBI 的幫助。當地警官史蒂芬·巴恩斯第一時間和密西西比州 FBI 辦事處的聯邦調查局特務史蒂芬·卡倫德（Steve Callender）取得了聯絡。在對案情有了一個初步了解之後，卡倫德認為，當前最重要的就是尋找馬力歐的行蹤，他開始收集馬力歐的數據。

29 歲的馬力歐是一個經過潛水營救訓練的消防員。他不僅有著非常精湛的水上營救技術，還因為出色的服務能力而廣為人知，他還有著豐富的野外生存經驗，但憑這些資訊並不能判斷出馬力歐到底是一個怎樣的人。

於是，卡倫德又向他的同事，一名專門管理犯罪檔案的探員求助，並聯絡了 FBI 的心理分析師，希望他們能夠為自己提供有效的資訊。經過調查，他們發現馬力歐是一個非常恐怖的人，他不僅擁有槍支刀具等裝備，還有著不為人知的黑暗性格，他曾長期對他的妻子和兒子實施家暴。幾個月前，馬力歐在距家 258 公里的消防部門找到了一份薪水豐厚的工作，這本來是一件好事情，但他卻在上班沒多久就在當地行竊，並被警方抓獲，也因此丟掉了工作。

此外，馬力歐還懷疑自己的妻子與其他男人有私情，並以此為藉口凶狠地打罵謝麗爾，在這個過程中他還會對謝麗爾進行婚內性侵，由此可見，馬力歐的內心是非常陰暗的。擔心兒子和自己安危的謝麗爾最終將馬力歐告上法庭，法庭勒令馬力歐不准接近謝麗爾母子，同時謝麗爾又請求律師幫助她結束掉這段悲慘的婚姻。

馬力歐在得知謝麗爾要離婚後，就認定自己的妻子已經背叛了他。FBI 的心理分析師認為，這段時光很可能就是馬力歐人生中最黯淡的時刻，各種負面情緒壓抑得讓他窒息，他無法忍受這種感覺，於是他決定展開行動。

9 月 20 日，警方依然沒有找到馬力歐的蹤跡。這已經是謝麗爾和她兒子失蹤的第四天了，警方非常擔心他們的安危，誰也不知道瘋狂的馬力歐會做出什麼樣的事情來。這一天也是馬力歐要到密西西比州的帕爾法庭出庭，接受有關入店行竊案件審判的日子。令人難以想像的是，馬力歐竟然在法庭開審之前出現了，他直接走向帕爾法庭。發現他的 FBI 特務迅速將馬力歐制伏，並從馬力歐的口中得知了謝麗爾和她孩子的下落，他們被馬力歐關在停放於加油站內的汽車中。

第十三章　亡命天涯—綁架越獄覆滅記

當警探從車廂中救出謝麗爾時，她的臉上全是瘀血，驚魂未定的她不想回憶這 4 天中所發生的任何事情，但這一次「地獄之旅」一定會成為謝麗爾人生中的痛苦記憶。等謝麗爾情緒穩定之後，這 4 天的「地獄旅程」才悄然浮出水面。

在這 4 天裡，馬力歐挾持他們去了密西西比、路易斯安那和德克薩斯。在整個行程中，馬力歐不斷對謝麗爾施暴，並在孩子的面前對謝麗爾實施性蹂躪，馬力歐還脅迫謝麗爾打電話給她的律師，終止離婚流程。透過謝麗爾的回憶，我們可以想像這短短的 4 天時光，就如同煉獄磨難，真不知謝麗爾是如何堅持下來的。

警方在審訊馬力歐的時候再一次發覺他的「變態」。對馬力歐來說，他始終認為自己並沒有什麼過錯，並堅稱這次「地獄之旅」只不過是一次普通的家庭旅行，他不應該因此而受到指控，警方不但不能拘捕他，還應該馬上放他回家與妻子團聚。這種想法和自我辯解是不能取得陪審團信任的，尤其是在得知謝麗爾的慘狀之後，沒有任何一個正常人會同情馬力歐。1995 年 11 月，馬力歐‧薩特比因綁架、偷竊和故意傷害他人的罪名被法庭判處 40 年監禁，並被收押進密西西比州帕尺門監獄中服刑。

大多數人都可能認為這件事情會到此為止，但事實是殘酷的。獄中的馬力歐並不曾有任何悔過之心，這次審判反而加深了他對謝麗爾的仇恨。馬力歐開始籌劃越獄，他一定要從監獄裡出去，只有這樣才能夠再次報復謝麗爾。馬力歐是一個思維縝密的人，他在做任何事情的時候都非常專注，會仔細考慮並規劃好自己的每一步行動，這樣就會讓他少出差錯。一個擁有這種特性的犯人，是最令人感到恐懼的。

馬力歐終於在 1998 年等來了實現自己越獄計畫的機會。在這兩年半的監獄生活中，馬力歐和一名年僅 19 歲的男孩成了朋友，並取得了對方

的信任。這個名叫傑瑞米‧格蘭伯里（Jeremy Granberry）的犯人有過越獄紀錄，他在得知馬力歐也準備越獄之後，便主動加入對方的計畫，與馬力歐一同制定了一個新計畫。

傑瑞米近期會有一次庭訊，他可以為自己找一名證人，與他一同前往瓊斯縣參加庭訊，他選了馬力歐。馬力歐還透過書信讓傑瑞米的律師把自己的名字放在目擊證人的列表裡，這樣一來警方就沒有任何理由來阻止馬力歐和傑瑞米一起前往瓊斯縣了。

1998年6月25日，馬力歐和他的獄友傑瑞米因為庭訊而被送出監獄。警官莫里斯‧胡克斯（Maurice Hooks）負責轉移，他邀請雷‧巴特勒（Ray Butler）與自己同行，雷和莫里斯是好朋友，他是一名退休的警官。莫里斯很了解傑瑞米，他知道傑瑞米有獨自掙脫手銬的能力，但是他對馬力歐卻了解不多，他只知道馬力歐在監獄中表現很好，所以在馬力歐上車之前就開啟了他的手銬。這次轉移，他們駕駛了一輛巡邏車，這輛車沒有明顯的標識，而且車的後擋也損壞了。

在經過幾個小時的路程後，莫里斯因為駕車的緣故而有些疲憊，便決定在途經加油站的時候下車喝杯咖啡，休息一會兒。停下車後，莫里斯要求馬力歐和傑瑞米一同下車，而雷則留在車中。過了一會兒，馬力歐和傑瑞米先回到車中，隨後莫里斯回到車上，在莫里斯剛剛關上駕駛室車門的一瞬間，傑瑞米突然發難，他衝向前排，用手臂將莫里斯的頭緊緊夾住，並將莫里斯整個拖向後座，馬力歐則抓起莫里斯的配槍，用槍的搖桿狠狠地擊打莫里斯的頭部，直到莫里斯昏厥為止。雷因為沒有武器，所以來不及反抗便被馬力歐制伏，隨後傑瑞米坐進駕駛室啟動汽車，馬力歐則將雷和莫里斯一同丟在後座，然後自己坐進了副駕駛，讓傑瑞米駕車向遠離城市的南方開去。

第十三章　亡命天涯—綁架越獄覆滅記

　　傑瑞米將車開進了南方鄉下的一個破舊穀倉，他和馬力歐將莫里斯和雷拖出車廂，把他們的雙手反剪在穀倉中的立柱上，然後銬上手銬。隨後他們開始檢查車輛，他們在車的後車廂裡發現了一支獵槍、一支步槍和一把手槍，這些武器增添了馬力歐的勇氣，他已經迫不及待地想要報仇了。直到馬力歐和傑瑞米開車離去的第二天，莫里斯和雷才被人們發現，而這時馬力歐和傑瑞米已經逃到了阿拉巴馬州，一個距離帕尺門監獄320多公里的地方，他們以為自己已經逃出生天，卻不知他們的行蹤已經被塔斯卡羅薩警察局的一位警長察覺了。

　　當時的時間大約是晚上7點鐘，警長突然看到一輛帶有密西西比州標記的巡邏警車在公路上飛馳，他本以為是警方執行任務，但當他看到這輛車的後擋破損嚴重時，他就意識到問題可能很嚴重。於是，警長拉響警笛，叫停了這輛「異常車輛」，這輛車裡面的乘客就是逃犯馬力歐和傑瑞米。

　　當警長下車走向前詢問的時候，他突然看見副駕駛上的男子迅速回頭並對他開了槍，警長馬上滾向一旁，躲開了這一槍，但匪徒再次開槍並駕駛車輛向後撞，試圖殺死警長。這時，警長也掏出槍還擊，在擊中匪徒後車窗後，匪徒們終於加大油門逃跑了。被射中腹部的警長無力追擊，只能眼睜睜地看著他們跑遠。

　　馬力歐和傑瑞米驅車逃了近5公里之後丟掉了這輛後擋損壞的巡邏車，他們重新盜竊了一輛車子上路。一天之後，警員克里斯·隆恩（Chris Long）正按慣例駕車巡邏，他看到前方正在實施交通管制，並且他也收到了馬力歐和傑瑞米潛逃的消息，於是他準備去協助交管部門檢查車輛，但就在他靠近交通管制點的時候，突然聽到了槍聲，等他靠近時，他的長官基思·特納（Keith Turner）已經倒在地上。特納身邊站著一

名男人,這個人就是逃犯馬力歐。

克里斯迅速跳下車,拔出手槍大聲警示馬力歐,讓他退後,遠離特納並舉起手投降,馬力歐回頭朝準備逃跑的傑瑞米大喊:「沒有我你是不會成功的。」但傑瑞米依然自行逃走了,馬力歐一邊後退一邊將手伸向腋下,這個動作刺激到了克里斯,他以為馬力歐是在掏槍,於是他開槍射向馬力歐,馬力歐應聲倒下。克里斯以為自己擊中了馬力歐,他趕緊衝向特納身邊,對他展開急救,可是特納已經不行了,而這時假裝中槍的馬力歐已經悄悄逃跑了。

馬力歐和傑瑞米一南一北地逃進了派克公路旁的森林,這個森林裡有眾多可以隱藏蹤跡的地方。當地 FBI 特務賴瑞得到這個消息之後迅速成立了一個指揮中心,出動了整個州的特務和特警 K9 組,他們還帶來了血液追蹤犬,這次搜捕行動就在黑夜中悄悄展開了。黑夜中進行搜捕是最危險的,因為森林裡面可供隱藏的地方眾多,而馬力歐和傑瑞米又帶有武器,這給搜捕行動帶來很大的困擾。

聯邦調查局從南面和北面展開地毯式搜捕,並針對沼澤地和森林繁茂的地帶進行重點搜查。在搜捕行動展開的同時,聯邦調查局跟已經搬至密西西比州格爾夫波特市郊區的謝麗爾通了電話,他們必須通知謝麗爾馬力歐潛逃的消息。

1998 年 6 月 28 日,馬力歐潛逃的第三日,因為馬力歐的種種行為以及他所表現出的強烈願望,無不暗示著他想要聯絡謝麗爾,並試圖傷害她,甚至殺掉她。聯邦調查局迅速出動特務將謝麗爾和她的孩子保護起來,他們要確保謝麗爾母子能夠平安。

在這一天,聯邦調查局封鎖了方圓 23 平方公里的區域,並出動 50 多個機構的人手。在搜索了大約 15 個小時後,血跡搜索犬終於有了發

第十三章　亡命天涯─綁架越獄覆滅記

現，他們鎖定了一片濃密的黑莓區，在這裡抓到了繳械投降的傑瑞米，但馬力歐依然沒有蹤跡。

在審訊了傑瑞米之後，警方才獲知了馬力歐逃避警方追蹤的方法，他總是在水流或溪流中行走，還會採集松葉和松針摩擦自己裸露在外的皮膚和衣服，用松樹的氣味來掩蓋自己的體會，馬力歐憑藉著高超的野外生存技巧成功地逃脫了聯邦調查局的搜捕。

馬力歐在逃脫警方追捕之後便悄悄潛入一戶人家，他清洗了自己的身體，小心地將自己用過的東西清理掉，然後再次潛逃。就在警方無計可施的時候，馬力歐竟然嘗試聯絡他的前妻謝麗爾，他用從莫里斯那裡偷來的手機打給謝麗爾，但並沒有接通。5天後，搜捕隊依然沒有獲得馬力歐的下落，他們開始使用強光手電筒和直升機探照燈來搜索森林，但依然沒能抓到馬力歐。

7月4日，馬力歐成功逃出FBI的包圍圈，並衝出州界。在距離聯邦調查局搜索範圍3公里外的78號公路收費站中，丹尼爾‧亞歷山大（Daniel Alexander）正在使用公用電話，他並沒有注意到身後的森林中走出來一個形跡可疑的人。馬力歐在走到亞歷山大身後時掏出了手槍，脅迫亞歷山大用車子帶他出城。

亞歷山大強迫自己冷靜下來，他在開車的同時不停地向馬力歐講《聖經》、上帝，並播放各式各樣的宗教音樂，試圖用這些行動來安撫馬力歐，讓他不要傷害自己。馬力歐命令亞歷山大放輕鬆，不要因為緊張引起警察的注意，他們開車向南行駛，又在中途吃了一頓飯，並給汽車加了汽油。在距離格爾夫波特郊區只有5個小時的路程時，亞歷山大用裝睡騙取了馬力歐的信任，當馬力歐認為亞歷山大真的睡著了以後，便準備下車去

一趟廁所，可是就在他下車之後，亞歷山大迅速啟動車子逃跑了。

現在馬力歐陷入了沒有車的困境，他將目光移向了一個來這裡旅遊的西班牙家庭，他用西班牙語和對方溝通，要他們載自己一程，就在他和對方達成協並獲准上車之後，該休息區的一名警衛從傳單上認出了馬力歐，並迅速報了警，他對警方報告了這輛車的行蹤和車牌號。警方及時封鎖了州際公路，並展開搜捕，半小時之後他們發現了那輛車，並將馬力歐抓獲，而這裡距離謝麗爾的家只有幾公里的距離了。

在之後的審訊中，馬力歐只談論他對前妻的憎恨，他認為他對謝麗爾的行為都是應該的，並且他在談論射殺警官過程的時候表現得十分冷靜，這讓特務們非常心寒。

1998年10月8日馬力歐再次越獄，這讓聯邦調查局非常震驚，要知道收押馬力歐的監獄看守是非常嚴密的。而馬力歐此次越獄之所以能夠成功，是因為他「感化」了一名監獄的女看守。這名女看守在沒有離開職位的情況下，按照馬力歐的需求開啟了5扇門，就這樣順利將馬力歐送出監獄。該女看守在馬力歐服刑期間，多次使用對講機向馬力歐傾訴生活煩惱，並從馬力歐這裡獲得安慰，漸漸地，這名女看守就相信馬力歐是愛自己的，所以才會信任並放走馬里奧。馬力歐在逃出監獄之後，便從他的一位朋友那裡獲得了偽造的身分證件，這些證件可以使他光明正大地行走在城市中。

聯邦調查局知道，再次越獄的馬力歐會更加難以抓捕，所以他們請出專門追蹤逃犯的特務參與此次抓捕行動，並透過各種管道收集馬力歐潛逃的線報。在社會各界的支持下，持有偽造身分證件的馬力歐再次露出形跡。

第十三章　亡命天涯—綁架越獄覆滅記

　　10月13日,馬力歐出逃的第五天,聯邦調查局發現馬力歐在逃亡過程中一直寫信給那名女看守,可能馬力歐真的愛上了這名女看守,信件的郵寄地址曝光了他的蹤跡。聯邦調查局將搜尋馬力歐的區域大幅縮小,10月21日早上,聯邦調查局迅速展開行動,他們在一個付費電話亭旁停靠的一輛車內發現了馬力歐,並將其抓捕。

　　幾日後,馬力歐·薩特比被送往塔拉迪加的聯邦監獄,在這裡沒有女看守。1999年5月,馬力歐因為殺害警官吉斯·特納而接受法庭審判,在這次審判中,馬力歐試圖透過演技來說服陪審團,但顯然他沒有成功。2005年4月28日下午6時22分,39歲的馬力歐被執行注射死刑,再也沒有人會威脅謝麗爾和她孩子的安全了。

第十四章　喪盡天良的歹徒
── 連環失蹤殺人案

　　紐威哥縣警官大衛・巴布科克親自帶隊指揮此次打撈。屍體被警方撈起之後，從屍體眼睛和嘴巴都被布基膠帶包住的情況來看，這很明顯就是一起他殺案件。此時屍體已經嚴重腐爛，警方只能透過屍檢流程來獲得進一步的資訊。經屍檢部門鑑定，屍體是一名成年女性，該女性曾做過幾次外科手術，包括剖腹產，死者是在活著的情況下被拋入水中的。我們不敢想像，死者在被拋入水中的前一刻經歷了怎樣的事情。

第十四章　喪盡天良的歹徒—連環失蹤殺人案

1996 年 6 月 8 日，對於很多人來說，可能只是一個普通的日子，但對於生活在密西根州雪松泉市下轄的一個社區中年僅 19 歲的瑞秋‧提莫爾曼（Rachel Timmerman）來說，這一天是陰沉黑暗的，她正在絕望和無助中掙扎，急需得到他人的幫助。潔姬在接到瑞秋的電話之後馬上預感到事態的嚴重，電話中悲泣的瑞秋讓她感到不安。潔姬一邊安慰瑞秋，一邊對她說：「寶貝，妳想要我過去嗎？我立刻就過去！」得到瑞秋的允許之後，潔姬迅速趕往瑞秋的住處。

潔姬在社區服務機構工作，她和瑞秋是非常要好的朋友，她們在很小的就已經認識了。潔姬知道瑞秋的家庭情況不是很好，她和母親、妹妹生活在一起，母親不能提供給她優越的生活條件，即便是在精神層面，她都很少能夠幫到瑞秋。學生時代的瑞秋不曾擁有過任何一件漂亮的衣物，她甚至沒有充足的時間來完成自己的學業，缺少金錢和精神支撐的瑞秋一直在吸毒，她像很多叛逆的少年一樣頹廢而又迷茫地生活著，這種狀況一直到瑞秋懷孕後才終止。

香農（Shannon）是瑞秋替女兒取的名字，她非常愛她，女兒的降生讓瑞秋真切感受到了什麼是愛。幾乎從不哭泣的香農帶給瑞秋天大的幸福感，她發誓要給香農一個健康正常的生活環境，她要告別派對、大麻、菸酒以及原來的生活，她要成為香農生命中的保護傘，一個受人尊敬的好媽媽。

趕到瑞秋家的潔姬不敢相信自己的眼睛，鼻青臉腫的瑞秋和她放大的瞳孔無不暗示著，她現在是多麼的恐懼和無助，潔姬知道瑞秋一定經歷了一件可怕的事情。在潔姬的安慰下，慢慢冷靜下來的瑞秋講出了她所經歷的「恐怖」。

前天晚上，瑞秋的高中同學麥基・賈柏林（Mikey Gabrion）和44歲的韋恩・戴維斯（Wayne Davis）邀請她和他們一起玩紙牌遊戲，和他們在一起的還有麥基的叔叔馬文・賈柏林（Marvin Gabrion），在此之前瑞秋並不認識馬文。面對朋友的盛情邀請，瑞秋感到很開心，她在將香農交給自己的妹妹照看之後，就和她的「好友」們一起出門了。

一個單親媽媽是很少能夠擁有這樣絕佳的放鬆機會的，此刻的瑞秋甚至將同行的三人當作了自己心目中的知己，但事情不像她心目中想像的那樣美好。馬文駕駛著車沿著公路一直往偏僻的地方開，在轉過一個彎道之後，馬文將車子停了下來，他將韋恩和麥基趕下了車。

馬文的意圖很明顯，他強迫瑞秋留在車內，並將車開往更隱祕的樹林中，在那裡他將瑞秋拖出車子，並不顧瑞秋的反抗對她實施了強暴。那一晚，馬文多次凌辱瑞秋，他像個瘋子一樣啃咬瑞秋的鼻子，毆打她並將她的頭用力撞向地面，直到這個禽獸離去，瑞秋才逃回了家。

潔姬在知道事情的始末之後，首先鼓勵瑞秋去醫院檢查，然後再去警察局報案。「要知道對於像馬文這樣的變態強姦犯來說，妥協、縱容更可怕，如果妳不告發他，他還會來侵犯妳，所以必須讓這種人盡快得到應有的懲罰。」瑞秋聽從了潔姬的建議，她向警方報了案。

警官大衛・巴布科克（David Babcock）受理了此案，他去醫院探望了瑞秋，在她的眼中，大衛看到了恐懼，她深深地懼怕著馬文。大衛知道瑞秋現在需要得到他人的鼓勵和安慰，大衛將這個任務交給了潔姬。潔姬在大衛走後，一遍又一遍地鼓舞瑞秋，她要幫助瑞秋渡過這一難關。

從醫院出來以後，大衛馬上就找到了馬文，大衛要求他隨自己回警局，馬文稱自己第二天會主動前往警局，但他並沒有去。第二天，大衛

第十四章　喪盡天良的歹徒—連環失蹤殺人案

收到了一份足有 5 頁文字的傳真，這份傳真是馬文發來的，他試圖用這種方式來為自己換取清白。在這 5 頁傳真裡面，馬文詳細地解釋了整個事件，他聲稱這次事件的誘導者是瑞秋，是她誘惑自己的，並在事後故意製造醜聞來汙衊自己。儘管馬文的故事編造得很逼真，但他並沒有證據證明自己所講的話，警方直接逮捕了馬文，並以強姦罪起訴他。

法院在收到起訴之後，便開始調查此案。取證人員在取證的過程中在瑞秋的家裡發現了大量啤酒瓶和紅酒冷卻器之類的東西，便以酗酒的名義將瑞秋送進了監獄。誰也想不到法院竟會犯這樣低級的錯誤，他們竟然捨本逐末，對瑞秋酗酒一案的重視程度超過了馬文強姦案。1997 年 1 月，法院以照顧嬰兒期間酗酒的罪名判處瑞秋 5 個月的監禁，瑞秋在入獄前將小香農轉託給她的母親金姆・沃哈格照顧。

在對馬文的審訊中，證人韋恩・戴維斯保持沉默。雖然這位瑞秋的族親並沒有幫助她，但警方已經蒐集了足夠多的證據來證明馬文的罪行。馬文在被羈押 2 週後，便被其家人以支付保釋金的方式帶出了監獄。

5 個月後，瑞秋的生活回到正軌，她搬出去和父親住在一起，並在一家速食店找到了一份工作，她要告別她曾經住過的地方，遠離知道她生活過往的人群，她要帶著小香農開始新的生活。

1997 年 6 月 3 日，天朗氣清，是一個約會的好日子。這一天，瑞秋同樣很興奮，她對她的家人說，她在工作中遇見了一個挺好的男人，這個男人願意接受她和小香農，他還想要和自己以及小香農一起生活。瑞秋在細心地化了妝，整理好嬰兒車之後便告訴家人她要去赴約，不久就會回來。

到了第二天，瑞秋的父親收到了她的一封親筆信，信裡面說：「我很

抱歉，我在沒有和你們講的情況下就離開了，我要結婚了，等我安定下來之後會寫信給你們的。」看到了這封信，瑞秋的父親和她的朋友都很欣慰，他們祝福她，希望她真的找到了屬於自己的「童話」，可以開始屬於自己的幸福生活。

在大家都鬆一口氣的時候，金姆卻並不覺得樂觀。在她的內心總有著一種不祥的預感，她覺得瑞秋不會這樣對待家人，也不會在約會的時候將小香農帶上，這都是不合常理的。

1997年6月5日是法庭對馬文強姦瑞秋一案正式宣判的日子，但就在瑞秋要以被害人的身分出庭作證時，她改主意了，她要放棄這次起訴，她以激烈的言辭向公訴人和法官寫了信，這些言辭讓公訴人和法官非常震驚，他們很難相信會有這種情況出現。這些郵寄來的信件都蓋有阿肯色州的郵戳，和她寄給家人的信件的郵戳相同，而且這些信都有一個特點，它們的信封不是那種需要用手指貼郵票的信封，而是一個手寫的郵票，這有些不正常，因為這種現象不可能一直存在。

在瑞秋撤訴，不能找到她的情況下，美國官方不得不撤銷了對馬文的起訴。6月14日是父親節，這個特殊日子的前一天就是小香農的生日。這一天瑞秋的家人再次收到了她的來信，信裡面說現在和她生活在一起的男人是阿肯色州人，她在小岩城找到了一份工作，她想要在阿肯色州定居。這封看似平常而又普通的信件引起了金姆的高度懷疑。瑞秋開始頻繁和家人通電話，作為瑞秋的母親，金姆認為信中所使用的語氣並非瑞秋本人所有，這裡面一定另有隱情。儘管金姆十分肯定，但她並沒有任何憑證，也不知道瑞秋到底去了哪裡，只能在焦急中等待消息。

一個月後，道格拉斯·索特羅和他的女婿準備去紐威哥的牛津湖釣

第十四章　喪盡天良的歹徒—連環失蹤殺人案

魚，這個湖在當地有著「澄泥箱」的外號，意思是說這個湖的湖水很深，幾乎沒有底。來到河邊的兩人很開心，他們站在遠處眺望湖面，準備選擇一個絕佳的釣魚地點。目光銳利的道格拉斯好像看到了什麼異常現象，他覺得有些不對勁，準備把船划過去看個究竟。

小船慢慢地接近了這個不明物體，坐在船頭的道格拉斯已經可以看到這個不明物體上被緊緊綁著的紅色水泥磚，他覺得這很可能不是一般物體。果然，在小船再次向前划了兩三槳的距離之後，處在下風口的道格拉斯馬上聞到了一股惡臭，他意識到這個被沉在湖中的物體很可能就是一個死人，他和他的女婿迅速返回，並撥打了911。

紐威哥縣警官大衛‧巴布科克親自帶隊指揮此次打撈。屍體被警方撈起之後，從屍體眼睛和嘴巴都被布基膠帶包住的情況來看，這很明顯就是一起他殺案件。此時屍體已經嚴重腐爛，警方只能透過屍檢流程來獲得進一步的資訊。經屍檢部門鑑定，屍體是一名成年女性，該女性曾做過幾次外科手術，包括剖腹產，死者是在活著的情況下被拋入水中的。我們不敢想像，死者在被拋入水中的前一刻經歷了怎樣的事情。

尋找死者的家屬是警方的另一項職責，當地警方在報紙上刊登了屍檢結果，以便於死者的家人能夠得知這個消息。金姆在報紙上看到了這起案件，她馬上意識到死者很可能是瑞秋，因為屍檢結果和瑞秋有著很多吻合之處。瑞秋曾經做過臀部抬升的手術，並且瑞秋在生小香農的時候還做了剖腹產，這些吻合之處讓金姆非常擔憂，她有一種很不祥的預感。金姆迅速聯絡了當地警方，在和警方溝通之後，警方決定將死者的指紋和瑞秋的指紋相對比，結果兩者的指紋完全吻合，死者就是瑞秋。

得知這個消息後，金姆一下子衰老了，其他人也對這個消息感到震

驚，人們都不願相信這個已經死去的人就是瑞秋，但現在最緊要的事情不是哀痛，而是尋找和瑞秋一起失蹤的小香農，這個剛剛11個月、永遠愛笑的孩子去了哪裡？她也遇害了嗎？還是在某個地方活著呢？

金姆在朋友的幫助下將這起綁架殺人案告訴了美國聯邦調查局，同為女性和母親的特務羅貝塔・吉利根（Roberta Gilligan）接手了這起案子，身為一個母親她非常擔心小香農的處境，她決定不管當前問題如何棘手，都要將罪惡剪除。

羅貝塔的方法很直接，她首先要得知瑞秋是和誰在一起的，並且要對牛津湖進行徹底搜查，隨後FBI與其他機構合作，在全國張貼小香農的海報，以便於從社會各界收集線索，但這些行動都沒有取得有效的成果。羅貝塔再次將目光轉向了最有可能的犯罪嫌疑人，這些人曾經和瑞秋有著不同程度的關係。

首先聯邦調查局調查了瑞秋的前夫，小香農的父親瑞克・維爾哈格（Rick Verhage），但很快警方就排除了他的嫌疑，因為瑞克一直居住在佛羅里達，並且有不在場的證據，羅貝塔也認為，瑞克並不會如此憎恨瑞秋，他不會殺害她。

但有一個人是非常憎恨瑞秋的，他就是馬文・賈柏林，馬文曾在強暴瑞秋之後，用小香農的生命威脅過瑞秋。馬文聲稱，如果瑞秋將這件事告訴其他人，那他就會殺死她，並在殺她之前殺死小香農。那馬文會不會按照自己的想法這樣做呢？當初帶瑞秋和小香農離開的男人又是誰？這些線索引領羅貝塔一步步接近答案。

羅貝塔準備審問馬文，但當地警方卻已不知馬文的蹤跡，馬文悄悄地消失了。一直到FBI收到消息，一個名叫賈柏林的人好像住在阿爾托

第十四章　喪盡天良的歹徒—連環失蹤殺人案

納的孟諾教派社區，警方才再次得到馬文的消息。

7月12日，州警查德·米勒和大衛·巴布科克來到他的住處，遠遠地就看見這間屋子的煙囪冒著濃煙，顯然屋內的人正在燒東西。警探在敲門無果之後（美國警方在沒有搜查令的情況下，未得主人同意，是不能進入屋內的），只能在房屋周圍檢視，幸運的是他們在屋外發現了一堆混凝土澆築的磚塊，這些塗有紅色油漆和焦油的磚塊與緊緊綁在瑞秋身上的磚塊十分相似，隨後警探們詢問了周圍的鄰居，證實了馬文曾在此處居住，但近期已經沒有看到他了。

更讓警方感到奇怪的是，馬文曾經僱用了一個叫約翰·威克斯（John Weeks）的工人，這名工人也失蹤了，警探迅速找到了馬文的前女友，但令警方感到奇怪的是，她稱呼馬文為蘭斯（Lance），並對警方說，蘭斯和約翰前往德克薩斯州購買大麻了，她也不知道怎樣聯絡到對方。但她向警方提供了一個有力的線索，她曾在一次偶然的情況下抓到蘭斯正和一名叫瑞秋的女孩通電話，這讓她很憤怒，在爭吵中，蘭斯解釋說，他在幫約翰將這名叫瑞秋的女孩釣上鉤。

蒐集到這些資訊之後，警方推斷，那天將瑞秋約出來的人很可能就是約翰，而馬文則很可能是殺害瑞秋的那個人。聯邦調查局在經過幾週的搜索後，終於找到了馬文的蹤跡，馬文近期因為酒後駕駛而被警方記錄在案，與此同時，化學實驗室的檢驗報告證實了馬文家外的水泥磚塊和瑞秋身上綁著的水泥磚是相吻合的。

查德·米勒和大衛·巴布科克帶著搜查令再次來到馬文在阿爾托納的房子，馬文仍然不在家，但他的家人正在將屋內的東西搬走，戴夫馬上喝止了他們，並讓這些人將物品回歸原處，警方有充分的理由懷疑馬

文的家人是在協助馬文銷毀證據。在屋內，戴夫和查德發現了貼在窗簾上的布基膠帶和大量紅色噴漆，並且在馬文的家中發現了一本名叫《完美犯罪》的書，這是馬文家中唯一一本書，書中描述了一個性獵手如何綁架一名女人，如何將她俘虜成為自己性工具的過程。

馬文在生活中是一個一流的騙子，他有著多重身分，他使用這些身分買車、買房、買保險，以此來掩蓋自己的真身。犯罪心理學家克里斯·默罕迪博士指出，馬文是一個不折不扣的暴力狂，他自認為自己是特別的，他認為自己有權利去做他想做的任何事情，不需要接受法律的約束，他甚至認為其他人的存在不過是為了使他更加方便地體驗生活罷了。

調查人員的想法是對的，馬文在阿爾托納的房子果然沒有登記自己的名字，登記人其實是一名叫羅伯特·愛倫（Robert Allen）的貧困旅客。當警方試圖尋找羅伯特時發現，這個人已經失蹤了。FBI透過聯絡羅伯特的家人得知，羅伯特已經在兩年前，也就是1995年失蹤了。

雖然羅伯特已經失蹤了，但羅伯特的社保仍在使用，為羅伯特繳保險的人就是馬文，顯然馬文不僅盜用了羅伯特的身分，還竊取了他的金錢，警方甚至懷疑羅伯特正是因為這筆錢而被馬文殺害。

此時，警方開始懷疑已經失蹤的約翰是否也被馬文殺害了。調查人員又試圖與韋恩·戴維斯取得聯絡，但他也消失幾週的時間了，而且他的家人還證實韋恩就是在和馬文見面之後失蹤的。至此，警方推斷，韋恩、羅伯特、約翰很可能已經被馬文殺害，而這三人的死亡都圍繞消除強姦罪證這一個關鍵點。

這時，馬文的一個鄰居向警方透露：馬文曾經在瑞秋失蹤幾天後的

第十四章　喪盡天良的歹徒—連環失蹤殺人案

一個晚上用打磨機打磨船槳，噪音將他吵醒，他看到馬文在小船上放了三塊水泥磚和一條鎖鏈，同時一對在牛津湖跑步的夫婦也向警方表示，曾多次看見馬文駕車前往牛津湖。

1997年7月18日，瑞秋的屍體被發現一週後，馬文的家人帶來了一條重要線索，馬文在漢格霍德湖邊有一個住處，這裡距離牛津湖只有11公里。警方迅速出動趕往這個窩點，希望可以在這裡將馬文抓獲，但是馬文已經逃離了。在這裡，警方發現了孩子用的尿布和瑞秋失蹤時所佩戴的髮夾，由此可見小香農曾經在這裡待過，可是她現在在哪呢？

在FBI接手該案件後的兩個月，聯邦調查局收到了一封匿名信，信裡說馬文向他索要土地使用金，但他想要保留這筆錢，於是他便向聯邦調查局檢舉了馬文。此時的馬文非常迫切地想要得到這筆錢，他不斷打電話給郵局，想要知道這筆錢到了哪裡，FBI決定利用這筆錢引誘馬文上鉤。

1997年10月14日，聯邦調查局的特務和當地的警察悄悄潛伏在郵局附近，他們在等馬文出現。上午11時左右，特務們發現一名和馬文非常像的人進了郵局，他們立刻行動，在馬文從郵局出來的一瞬間將他制伏在地。

馬文的落網使大家都鬆了一口氣，但是這不是最重要的，現在最要緊的是要從馬文的口中得到小香農的下落。警方出於人道主義，希望馬文可以主動將小香農的情況坦白，但是馬文拒絕承認自己和香農的失蹤以及瑞秋的死有關。不僅如此，馬文還有著非常強烈的傾訴欲望，他不斷地寫信給報社、見證人以及瑞秋的家人。他在寫給金姆的信中說道：「都是妳的錯，瑞秋的死都怪妳，從今以後，妳的腦海裡總會浮現她沉湖

的畫面，還有她沉下去後翻起的泡沫。」這種殘忍的做法昭示著，馬文已經喪失了良知和人性。

調查人員鼓勵收到信件的人們回信給馬文，只有這樣才能從馬文嘴裡得到更多的線索和證據。金姆最先開始回覆馬文的信，她還不時地跟馬文通電話。在電話裡她質問馬文，他是將香農賣給了黑市還是殺害了她。在面對金姆的質問時，馬文堅定地說：「不，我沒有殺她。」此時，幾位民眾也參與進來，他們質問馬文，為什麼要殺孩子，那個孩子怎麼惹你了？

在人們的聲討中，馬文終於崩潰了，他說我不能留著香農，我不得不除掉她，我把她扔進了湖裡。人們不知道馬文對哪一方講的是真話，調查人員決定冒險，他們將在馬文毫無準備的情況下開庭審訊他。馬文在知道這個消息以後，還試圖干擾聯邦的司法權，他畫了湖的圖，並圈出司法權的界限，聲稱有人要買這個地方，並畫了三個叉，表示屍體會在其中的一個地方發現。這張圖不僅沒有幫到馬文，還給警方帶來了新的線索，湖裡很可能還有其他屍體。

2001年5月，警方再次展開搜查牛津湖的行動，但是由於湖水基本不怎麼流動，髒汙太多，警方在放出數千升水和移除300多立方公尺淤泥的情況下，依然沒有得到任何有用的資訊。

2002年3月，馬文·賈柏林因謀殺瑞秋·提莫爾曼而被警方指控，罪名為一級謀殺罪。檢察官認為馬文在用計誘拐瑞秋之後，以小香農為籌碼威脅瑞秋撤銷強姦罪指控。所以他提議兩罪並判，處以死刑，陪審團全票通過。該刑罰後來被減為終身監禁。這個判決是很多人所不能理解的，人們認為馬文就該被處死。

第十四章　喪盡天良的歹徒─連環失蹤殺人案

2002 年 7 月，一個遊客在馬尼斯蒂森林的雙木湖發現了韋恩·戴維斯的屍體，約翰·威克斯和羅伯特·愛倫也被認定為死亡，馬文沒有因為謀殺這些人而被起訴。小香農依然沒有任何消息，人們只希望厄運不要發生在她的身上，希望她可以平安成長。

第十五章　色膽包天
── 性幻想殺手

　　法醫的鑑定結果顯示，潘蜜拉是被凱斯強姦之後再用電線勒死的。我們不難想像潘蜜拉在人生的最後階段經歷了什麼，這個小女孩就這樣離開了人世。這場苦難不僅僅發生在潘蜜拉身上，還發生在每個參與此案、知道此案的人心中。

第十五章　色膽包天—性幻想殺手

　　1999 年 10 月 2 日,在美國密蘇里州的堪薩斯市,20 歲的醫學生麥肯琪‧梅特森告別了朋友獨自駕車回家,當時已經是凌晨 3 時 30 分。麥肯琪的住所距離朋友家很近,她一邊開車一邊放了一些讓人輕鬆的音樂。作為一名整形外科醫生,麥肯琪平日裡的生活和學業是非常忙碌的,但她並不感到辛苦,她的願望就是成為一名偉大的醫生,不管過程有多麼艱苦。

　　就在麥肯琪即將到家的時候,她注意到一輛停在路標前的白色貨車,這輛車有足夠的空間掉頭或者向前開走,但它卻並沒有這麼做,這種不按常理出牌的車子讓麥肯琪有些疑惑,但她也沒有過多關注這一現象。

　　可就在麥肯琪駛過了這個路口時,倒車鏡中突然出現了那輛讓她感到怪異的貨車。貨車開著車燈緊緊地跟在麥肯琪身後,這讓麥肯琪有些恐懼。就在麥肯琪將車輛停在公寓停車場,抱起醫療數據準備離開的時候,那輛白色的貨車也停了下來,車裡走下來一位年紀輕輕的男人,他直接走向麥肯琪,麥肯琪愣住了,她呆呆站在那看著對方接近自己。

　　麥肯琪讓自己保持微笑,陌生男人在走近麥肯琪之後向她詢問她是否認識傑夫。麥肯琪強自壓下內心中的恐懼,她很禮貌地說自己並不認識傑夫,在講完這些之後她便快步向著公寓的大門走去。但就在麥肯琪向前走了五六公尺的時候,她突然聽到了從身後傳來的急促腳步聲。那名向她詢問傑夫的男子衝了過來,他在麥肯琪逃跑之前抓到了她。這名男子用一把長約 15 公分的尖刀威脅麥肯琪不要出聲,否則他就會殺了她。

　　這名男子挾持著麥肯琪向停車場的方向走去,在這個過程中,該男子拿出了一副手銬,他威脅麥肯琪將這副手銬戴在手上。麥肯琪已經意

識到戴上手銬就預示著自己只能束手待斃，她急中生智，假裝自己很笨、很害怕，不知道該怎樣佩戴手銬。這名男子果然沒有發現麥肯琪是有意為之，他鬆開原本勒著麥肯琪脖子的手臂，快速將手銬的一端銬在了麥肯琪手上。做完這些之後，這名男子抓著手銬的另一端試圖將麥肯琪拖向一邊。

　　在兩人相互拖拉的時候，麥肯琪背在左肩上的女士包包滑了下來，這名男子一次次將滑下的包包推回原位，這一動作讓麥肯琪意識到這名男子不是來搶劫的，他很可能會殺掉自己。

　　恐懼讓麥肯琪不知所措，但恐懼同樣激發了麥肯琪求生的意志，在這一刻時間好像變得慢了下來，麥肯琪的腦海裡出現了自己可能被殺或者自己的屍體被丟在某個角落的畫面，這樣的畫面是她所不能接受的。在麥肯琪看來，就算是真的要死，她也寧願死在這裡，死在自己拚命反抗之後。因為在這裡，至少她的家人可以找到她的屍體。

　　被逼上絕路的麥肯琪絕望地咆哮起來，她憤怒地反抗著這名男子的拉扯，完全不在乎這名男子手中的利刃，她用牙齒咬這名男子的手，但她的力氣顯然不足以掙脫這名男子的控制，她需要馬上找到新的辦法。麥肯琪在被這名男子拖向白色貨車的過程中，突然注意到了身邊停著一輛新車，而新車裡面一般都會裝上聲音非常響亮的警報裝置，只要撞擊力度夠大，那新車就一定會發出警報。米克就像溺水的人抓到了最後一根救命稻草一樣，她不顧一切地用腳踹身邊的車，但這輛車並沒有發出警報。

　　絕望的麥肯琪突然用手抓住了這名歹徒放在自己脖頸上的尖刀，她用力將刀子從脖頸上推開，但她的手也被刀子劃傷。這名歹徒顯然沒有想到麥肯琪會有這樣劇烈的反抗，大意之下刀子被麥肯琪搶到並丟在地

第十五章　色膽包天—性幻想殺手

上，失去凶器的歹徒依然不想放棄，他試圖將受傷倒地的麥肯琪拖向貨車。麥肯琪儘管無比絕望，但她依然拚命地大喊大叫，她的頑強讓歹徒退縮了，他奪過麥肯琪肩上的包包逃走了。

麥肯琪逃到了距離自己最近的鄰居家，撥打911報了警。最先趕到的是坎薩斯城的傑森·克蘭布利特警官，傑生一邊安撫麥肯琪，一邊對案情做初步了解。不久之後，探員湯姆·普魯登也從搶劫科被調來參與此次案件的調查。湯姆認為，這起案件明顯不僅僅是一起搶劫案，因為搶奪物品不需要戴一副手銬。

警方根據麥肯琪的描述掌握了部分有助於案情調查的資訊，這些資訊包括歹徒駕駛的白色老式貨車和他沒有帶走的那副手銬。警方在取走手銬之後，隨即通告全市的警員搜尋這輛汽車。警方試圖從公寓的監控影片中獲取更多線索，但該公寓情況較為複雜，案發現場並沒有安裝監控設施。僅有的線索並不能使警方迅速抓到這名歹徒，這也就意味著他極有可能再次作案。

1999年10月12日，這一天是麥肯琪被歹徒攻擊並實施搶劫後的第10天，警方依然沒能找到這名隱藏了形跡的罪犯。FBI特務德克·塔普利擔心歹徒會重新攻擊其他人，在所有的人群中，孩子是最容易被攻擊的對象，這讓他很擔心。就在德克為孩子們感到擔心的時候，歹徒又作案了。

距離麥肯琪居住公寓僅有10公里的地方，11歲的佩妮·巴特勒（Penny Butler）和10歲的潘蜜拉·巴特勒（Pamela Butler）正在她們16歲的姐姐凱西·伊頓（Casey Eaton）的照看下，在門前的院子內玩耍。孩子們的媽媽切麗·韋斯特（Cherri West）在外面工作，凱西還需要照看更為年幼的弟妹。過了一會兒，凱西要去客廳餵弟弟一些食物，客廳的門是

170

開啟的，凱西可以在屋內聽到潘蜜拉她們玩鬧的聲音，所以她並不是非常擔心她們。

　　下午 5 時左右，凱西同意潘蜜拉去社區另一邊的一家加油站購買零食。潘蜜拉非常開心，她滑著直排輪獨自去兩個街區以外的商店購買自己心儀的零食，但她所不知道的是，她的一舉一動都被一個人盯在眼中。

　　沒有人注意到，在距離潘蜜拉家僅有半個街區遠的地方，停靠著一輛白色老式貨車，車裡面坐著的正是曾經襲擊過麥肯琪的歹徒。待在門口的佩妮看著妹妹潘蜜拉即將從這輛白色老式貨車旁經過。突然，一個藏在車座後面的男子迅速衝出車子，將潘蜜拉攔腰抱進貨車。潘蜜拉驚恐得大叫起來，佩妮也迅速大聲喊叫，她衝進屋子想要找凱西幫忙，而這時歹徒已經將車子發動起來。凱西抱著尚在襁褓中的弟弟衝上街道，試圖攔下這輛貨車，但貨車擦著凱西的身子衝了過去。在貨車從她身邊經過的時候，凱西看到了想要掙扎起身的妹妹和那名穿著紅色上衣的歹徒。凱西追著貨車大聲呼喊，她想要得到周圍鄰居們的幫助。

　　此時在街南角處，有兩名鄰居正在車內聊天，他們聽到了凱西的呼喊，覺得事情很不對勁，於是發動車輛跟上了那輛逃跑的白色貨車。儘管現在是上下班的尖峰期，市內的交通非常擁塞，可是這輛皮卡的車速依然高達 80 公里／小時。在這輛車即將駛入高速公路的時候，鄰居成功追上了這輛白色貨車，他拿起身邊的筆和紙記下了這輛車的車牌號──密蘇里 177CE2，他將這張記有車牌號的紙舉在車窗前使對方看到，以迫使對方停車投降。但他沒想到的是，就在他們透過一個匝道的時候，這輛貨車突然掉頭衝進另一側的匝道內，逃離了凱西鄰居的視線。

第十五章　色膽包天—性幻想殺手

　　警方迅速趕到了凱西家，警探文西·達爾位前來處理這起綁架案件，他在了解案情經過之後馬上意識到這起綁架案非同尋常，要知道在大多數兒童綁架案中，75%的被害人會在3～6個小時內死亡。

　　警方首先需要排除潘蜜拉其他家庭成員作案的可能性，他們詢問了潘蜜拉的母親切麗，得知切麗和丈夫已經分居了，警方懷疑這起綁架案是否與她的丈夫有關，但潘蜜拉的父親當時正在工作，有強而有力的不在場證明。

　　根據鄰居提供的車牌號，警方迅速找到了這輛車的歸屬——密蘇里的一家建築公司。為了防止歹徒將潘蜜拉帶出州界，警方將這起案件向FBI報備。

　　特別探員迪克·塔普雷與瓊安娜·麥登加入了此案的調查。特務們發現，凶手是在光天化日之下實施綁架，他一點也不在乎被他人看到或者被其他周邊的人抓到，這說明凶手是一個失去理性和不顧後果的人，這種人非常危險，特務們決定連夜行動。FBI特務在附近社區發現了一雙丟棄在角落中的直排輪，但這雙直排輪並不是潘蜜拉所穿的。

　　在潘蜜拉被綁架的幾個小時內，警方第一時間聯絡了媒體，他們需要媒體的幫助，儘管這樣的行動不符合法律程序（沒有向上級申請）。廣播站在收到警方求助的訊息之後，迅速將這起綁架事件透過所有頻道播出，他們從早到晚不停播報與之有關的案情資訊。

　　與此同時，麥肯琪從電視上看到了關於這起綁架案的報導，她馬上確定犯下這起綁架案的凶手就是那晚綁架自己的人。麥肯琪迅速和警方取得聯絡，她為警方提供了這一線索。

　　當晚10時左右，從堪薩斯市東邊40公里遠的格雷恩瓦利教堂內打

來一通電話。在電話裡，一對夫婦向警方報告稱在當晚6點鐘左右，他們在去位於鎮子郊區的教堂的時候，在馬路對面的停車場中看到了一輛他們從未見過的白色老式貨車，他們記下了這輛車的車牌號，這個車牌號與凱西鄰居記下的車牌號完全一樣，而且他們觀察到這輛車內有一條帶有花紋的毯子。就在格雷恩瓦利警方趕到這個停車場的時候，這輛車消失了，警方迅速搜索了停車場附近，他們沒有發現潘蜜拉的蹤跡。

FBI特務在凌晨4時的時候找到了這輛白色老式貨車的登記人，雖然這個人承認這輛貨車是他的，但他的相貌和目擊證人描述的不符，而且他有不在場的證明。FBI從這名車主的口中得知了一條重要線索，他在幾週前將這輛車借給了公司的一個職員——凱斯·尼爾森（Keith Dwayne Nelson）。

凱斯·尼爾森的相貌與目擊者的描述相符，而且警方還在檔案中查到了凱斯曾有竊盜、阻礙司法、襲擊警察等多項犯罪紀錄。凱斯·尼爾森沒有穩定的工作，他同時做著幾份零工，有女朋友和家庭，按理說，這種人不會成為在光天化日之下綁架他人的罪犯，但警方依然將他定為頭號嫌疑人。

警方首先調查了凱斯的女朋友，但她說她已經有幾天都沒看到過凱斯了。在這裡警方還得到了另一條線索，據凱斯的女朋友講，凱斯曾在麥肯琪遇襲事件之前購買過一副手銬。凱斯的女朋友指認，警方手中的手銬就是凱斯當初購買的那一副，這條線索對案件的破獲有著重要意義。

警方搜查了凱斯母親居住的屋子，他們在這裡發現了那對去教堂夫婦在電話中描述的那條毯子。凱斯的母親證實，這條毯子是凱斯帶回家

第十五章　色膽包天—性幻想殺手

的，它屬於凱斯。凱斯的母親稱，凱斯前一天晚上就待在這裡，但他在晚上很晚的時候離開了。警探又從附近的鄰居口中得到了另一條線索，凱斯待在這裡的那天晚上，他曾反覆清洗雙手以及他開來的那輛白色貨車。

就在警方繼續收集證據的時候，一個電話打亂了他們的計畫，有人在距離凱斯母親家幾個街區的地方發現了一輛白色老式貨車。當警方趕到的時候，他們只找到了這輛凱斯曾反覆清洗的空車。警方只在車內找到了幾根和潘蜜拉頭髮顏色相近的長髮，並沒有發現血跡和打鬥痕跡。因此，警方相信潘蜜拉還活著，但他們也失去了可供調查的線索——貨車已經找到，凱斯將會隱藏得更深。無法定位凱斯是警方所面臨的最大問題，而此時已經是潘蜜拉被綁架後的第 24 個小時，人們都感到有些絕望。

無奈之下，警方只能將精力放在公眾所提供的眾多線索上，他們試圖從成千上萬條線索裡找到潘蜜拉。10 月 13 日凌晨，警方再次鎖定一條新的線索，一名司機向 911 報告稱，他在 70 號州際公路上看到一輛超速行駛的麵包車，車內乘坐的人和警方描述的凱斯相符，而且車內還載有一名無法確認身分的女性。

FBI 迅速出動，他們在高速上追到了這輛車，但就在他們拉響警笛叫停前行車輛的時候，這輛麵包車突然加速向前衝去。在經過半個小時的緊張追逐之後，警方終於將這輛麵包車逼停在高速路邊，但下車的卻不是潘蜜拉和凱斯。這輛麵包車的駕駛者是因為一些其他不相關的罪行而想要躲開警察。

警方再次將注意力集中到公眾資訊上，一條特別資訊讓警方覺得有

些不安。一位曾和凱斯一同工作過的人打電話告訴警方，凱斯前幾週曾向他吹噓說自己有強姦和殺害女性的性幻想，他會對女性、女孩或者妓女做非常變態的事情，他甚至幻想了一塊土地，在那裡他可以隨心所欲地對待這些被他抓來的人，當他玩膩之後，他會在這塊土地上殺掉她們。

當天下午 1 時左右，堪薩斯市警察局祕書蘿莉·特雷茲（Laurie Torrez）在開車經過肯薩斯河附近時，發現一個年輕男人正獨自坐在河堤上，這個男人就是警方正在追捕的凱斯·尼爾森。

蘿莉沒有武裝，她只有幾秒鐘的反應時間，蘿莉迅速編造了一個謊言，她搖下車窗大聲詢問凱斯是否見到了自己丟失的一條狗，凱斯說他沒有看到什麼狗，並詢問蘿莉是否可以幫助他，他的腳踝受傷了，想要得到蘿莉的幫助。蘿莉非常機智，她讓凱斯稍等，自己會開車去前面掉個頭，然後過來載他就醫。

蘿莉迅速將車開往附近的火車站，她需要召集一切她能找到的人手，在凱斯離開之前抓到他。蘿莉召集了幾名鐵路工人，在報警後她帶著這些工人慢慢接近了凱斯。凱斯在看到這些工人之後試圖從河中逃離，但他的腳踝受了傷，這使他在逃入河中之後又不得不回到了河岸上，幾名工人緊緊地圍著凱斯。幾分鐘後，FBI 就趕到現場，凱斯當場被捕。

被送去治療的凱斯拒絕與警方溝通，他的態度非常傲慢，拒絕向警方交代任何與潘蜜拉有關的事情。FBI、當地警方和志工集中在凱斯被抓的那處河堤上，他們對那裡進行了地毯式的搜索，這次搜索一直持續到深夜，但他們沒能得到任何線索。

第十五章　色膽包天—性幻想殺手

　　FBI再次召集了大量人手搜查了凱斯曾經停放車輛的格雷恩瓦利教堂停車場，在一處隱祕的叢林中人們找到了潘蜜拉的裸屍。法醫的鑑定結果顯示，潘蜜拉是被凱斯強姦之後再用電線勒死的。我們不難想像潘蜜拉在人生的最後階段經歷了什麼，這個小女孩就這樣離開了人世。這場苦難不僅僅發生在潘蜜拉身上，還發生在每個參與此案、知道此案的人心中。

　　凱斯・尼爾森被警方以加重綁架罪和跨州致死加重兒童性虐罪指控，儘管凱斯俯首認罪，但他不曾有任何羞愧感。凱斯在法庭上公然對潘蜜拉的母親和法官比出侮辱性的中指，並朝他們說髒話，對著所有人大喊：「大家可能認為殺死一個孩子很難，其實很簡單。」他的這種無恥行徑激怒了所有人。法庭最終判處凱斯死刑。

第十六章　生死營救
── 邁阿密驚天綁架團

　　聯邦調查局在愛爾修的公寓設立了指揮中心，他們安排技術人員監聽了愛爾修的電話和行動設備，以確保能夠在綁匪打來勒索電話的時候確定對方的具體位置。距離克莉絲汀被綁架已經18個小時了，如此長的時間，使得警方和愛爾修不得不做最壞的打算，沒有人能夠猜到克莉絲汀和兩個孩子是否還活著，也不知道他們是否正在遭受著苦難。

第十六章　生死營救—邁阿密驚天綁架團

　　1999 年 12 月 13 日，位於美國佛羅里達州邁阿密北部 16 公里處的陽光島海灘迎來了旅遊旺季，海灘美麗的風景和宜人的氣候使得很多富裕的商人在這裡定居。愛爾修（Alceu Aragao）和克莉絲汀（Christine Aragao）就是這片海灘富人區的住戶之一。今晚他們一家人應邀前往一家上等私人會所，參加正在舉辦的迎接耶誕節的私人宴會。12 歲的茱莉安娜（Juliana）和 9 歲的朱尼爾（Junior）並不需要父母的照顧，他們玩得很開心，但尚在襁褓中的亞歷山大（Alexander）則顯得有些焦躁。

　　晚上 9 時 30 分左右，克莉絲汀認為朱尼爾應該和他的弟弟亞歷山大回家休息，她把這個想法告訴了愛爾修，顯然愛爾修也有同樣的想法，但他尚且不能馬上離開。即使這裡離自家公寓很近，但因為那段路有點黑，愛爾修還是堅持讓克莉絲汀駕車帶兩個孩子回家。在臨別前，愛爾修親暱地吻了克莉絲汀，他囑咐克莉絲汀開那輛保時捷，他覺得這輛車會更安全點。

　　晚上 10 時，愛爾修帶著大女兒茱莉安娜回了家，他們開啟門走進室內，發現客廳內的燈是關著的。愛爾修以為克莉絲汀已經睡下了，他準備先在沙發上休息一會兒，可是他剛坐下，茱莉安娜就跑過來說她媽媽並沒有待在臥室，朱尼爾和 1 歲的亞歷山大也不在家。愛爾修以為克莉絲汀帶著孩子們去買牛奶了。他先打電話給克莉絲汀，但克莉絲汀的電話並未接通。

　　愛爾修並沒有想太多，他囑咐茱莉安娜先睡，自己在客廳等一下克莉絲汀。這一等就是幾個小時。隨著時間的流逝，愛爾修愈發擔心起來，他覺得事情有些不對，妻子是不可能在帶著幼子的情況下在這種時候還不回家。愛爾修決定駕車在附近轉一圈，看看能不能找到妻子。幾番尋找無果之後，愛爾修決定向警方報案。

陽光島警局的探員保羅‧曼澤拉在接到愛爾修的報案後，便急忙趕到了愛爾修的公寓，此時已經是凌晨3點鐘了。待在客廳內的愛爾修顯得十分焦躁，他坐立不安。保羅一邊安慰愛爾修，一邊詢問關於克莉絲汀離開後的細節。在愛爾修提供的線索中，保羅發現一條重要線索——克莉絲汀駕駛的保時捷停在車位中，但另一輛本該停在車庫中的林肯越野車則不見了。保羅首先懷疑克莉絲汀是否是與丈夫生氣而離家出走的，但愛爾修幫他排除了這一點。

　　保羅決定去車庫內搜查線索，在這裡保羅發現了新的線索。他們在保時捷後邊的地面上發現了一些可疑的暗色斑痕，這些斑痕和乾涸的血跡很像，他們還在地面上發現了手印和指甲抓劃的痕跡。除此之外，現場沒有其他物品，現場的血跡斑痕有著向前拖動的痕跡，這讓保羅立刻意識到，克莉絲汀和她的兩個孩子很可能就在她們家被匪徒綁架了。

　　在考核地面上的斑痕就是血跡之後，陽光島警局馬上決定立案。因為案件涉及綁架幼童，聯邦調查局馬上加入了此案的調查。特務吉姆‧路易斯負責此案的調查。同樣身為一名父親，吉姆很明白愛爾修的心情，而涉及兒童綁架的案件也能使他集中全部精力。

　　案件的調查首先從詢問這棟公寓內的每一個人開始，警方希望這棟公寓的居民曾經在案發當晚看到過一些異常情況或者陌生人。目擊者和公寓以及停車場的管理人員是警方詢問的重點。在所有的詢問對象中，停車場的管理員稱自己沒有看到異常現象，而一位住戶則向警方稱他曾疑似聽到了停車場內傳出的一名女性的尖叫聲，當時他聯絡了保全，保全稱在他們趕到的時候並沒有發現異常，保全甚至以為這是一個惡作劇。警方調取了停車場內安裝的監控錄影，由於監視器安裝角度的原因，鏡頭僅僅拍到了保時捷開進車庫的這一畫面，但之後發生了什麼，監控並沒有拍到。

第十六章　生死營救—邁阿密驚天綁架團

在調查取證的同時，警方需要盡快確定克莉絲汀的位置，他們現在有一個辦法，那就是找到那輛丟失的林肯越野車。這輛車內有 GPS 定位系統，警方馬上聯絡了這輛車的生產商，要求他們提供這輛車現在的位置。此外，FBI 還調來了一架直升機，他們著手從空中尋找那輛越野車。在警方發出全境通告的同時，特務雷納·麥克德莫特加入了此次調查。她和特務吉姆推測了許多可能發生的情況。他們懷疑克莉絲汀被綁架一案很可能與錢財有關。

警方仔細調查了愛爾修和他的妻子克莉絲汀的資訊，愛爾修和克莉絲汀都是巴西人，11 年前他們在邁阿密相遇並結婚，婚後生活幸福甜蜜。愛爾修曾是一名賽車明星，現在正經營一家生意不錯的電子產品進出口公司，顯然他是非常有錢的。警方在排除了愛爾修的嫌疑之後，認為綁匪很可能是衝著愛爾修的錢財來的。

聯邦調查局在愛爾修的公寓設立了指揮中心，他們安排技術人員監聽了愛爾修的電話和行動設備，以確保能夠在綁匪打來勒索電話的時候確定對方的具體位置。距離克莉絲汀被綁架已經 18 個小時了，如此長的時間，使得警方和愛爾修不得不做最壞的打算，沒有人能夠猜到克莉絲汀和兩個孩子是否還活著，也不知道他們是否正在遭受著苦難。

就在警方努力收集線索的時候，被遮住眼睛、堵住嘴巴、捆在椅子上的克莉絲汀，正被關在一間密室中。她能聽到隔壁綁匪的說話聲和她兒子的哭聲，她用盡力氣掙扎，但顯然無法掙脫綁匪特意定製的繩索。絕望的克莉絲汀突然聽到了開門的聲音，綁匪將不斷掙扎的她拖出了密室。

在強迫克莉絲汀冷靜之後，綁匪將克莉絲汀眼睛上的眼罩拿開了。

克莉絲汀看到了綁架她的綁匪，這是一個長相凶狠的黑人。克莉絲汀在看到對方的一瞬間就開始大聲詢問她的孩子，她不知道孩子們現在是否安全，她心裡清楚，自己看到了綁匪的長相，這就意味著他們很可能活不久了。綁匪迫使克莉絲汀冷靜，他開始向克莉絲汀講述自己編造的謊言。

「我要幫妳」，這是綁匪對克莉絲汀說的第一句話，這句話不由得吸引了克莉絲汀的注意力。接下來綁匪開始講述他的故事，他自稱是一名來自巴西的殺手，他受一個黑幫組織的僱用，要綁架克莉絲汀一家並殺死他們，之後，他需要將克莉絲汀一家人的屍體拍成照片郵寄給黑幫。就在他接觸到克莉絲汀一家之後，他突然改變了主意，他不想殺害這一家人，他現在想要保護這家人的安全，但他需要克莉絲汀配合，並且這名自稱殺手的綁匪著重強調了自己並不是為了錢財而綁架他們的。

就在綁匪講完這個故事後不久，他竟然又向克莉絲汀講了一個新故事，推翻了他剛才講的故事。在這個故事中，他說他和同夥已經跟蹤克莉絲汀一家很久了，但他覺得綁架克莉絲汀一家的行為實在是太傷天害理了，他決定偷偷地保護克莉絲汀。

克莉絲汀不知道要不要相信這名綁匪的話，在混亂的思緒中，她彷彿回到了那個被綁架的晚上。那一晚，就在她停下車準備從後排座位中將放著小兒子的嬰兒籃拿出來的時候，兩名陌生人突然從她的身後衝了出來，這兩個陌生人襲擊了她，他們中的一個人用電擊槍擊中了她的右臂，嬰兒籃從她的手中掉在了地上。克莉絲汀被一名匪徒擊倒在地，他用拳頭狠狠地擊打她的右臉，直到她神志不清。朱尼爾試圖逃跑，但他也被匪徒的電擊槍擊中了。

第十六章　生死營救—邁阿密驚天綁架團

匪徒將他們綁上車，丟進林肯車的後面。在車內，克莉絲汀恢復了一些神志，她感覺自己被一個人踩在腳下，她用力掙扎並大聲呼救，但兒子制止了她，他對克莉絲汀說：「媽媽，安靜，否則他們會殺了我們。」

愛爾修非常配合警方的行動，對於自己沒能和妻子一同回家他感到非常懊惱，但警方在毫無頭緒的情況下還是決定對愛爾修進行測謊，測謊結果顯示愛爾修並沒有說謊。警方再次將懷疑的目光轉向了公寓安保人員和代客泊車的讓‧費雷拉（Jean Carlo Ferreira）。安保人員透過了警方的測謊，他們是清白的，而費雷拉則有些不同尋常。

這名22歲的委內瑞拉人曾經受過愛爾修一家的恩惠，他在這裡有一年的工作經驗，愛爾修的家人非常信任他，他可以接觸到愛爾修所擁有的所有車輛，這使他很有嫌疑，最重要的是他沒能透過警方的測謊，因此費雷拉成了警方懷疑的首要嫌疑人。儘管警方不能憑藉測謊數據來抓捕審問費雷拉，但他們可以透過監視費雷拉來獲取他們需要的其他線索。就在警方監視費雷拉的同時，那輛林肯車的生產商稱他們不能定位到這輛車，因為這輛車的定位系統已經被人為斷開了。

捆綁和黑暗的環境讓克莉絲汀倍感煎熬，在和匪徒溝通之後，匪徒將繩子解開了，他允許克莉絲汀去上廁所。在廁所裡，克莉絲汀看到了自己高高腫起的臉，這半張臉已經完全變形了，上面滿是傷口和乾結的血痂。等克莉絲汀情緒穩定之後，匪徒甚至允許她去見了她的兒子朱尼爾，並給了他們單獨相處的時間。在和朱尼爾的談話中，克莉絲汀驚奇地發現，匪徒竟然教9歲的朱尼爾用槍，這讓她不知道自己是否該相信這名匪徒。

短暫的會面馬上結束了，匪徒將克莉絲汀帶回密室，他向克莉絲汀

保證，她和孩子都不會死，但他需要愛爾修和茱莉安娜。他試圖說服克莉絲汀，讓愛爾修和茱莉安娜去一個安全的地方供他拍照，這樣他就可以製作殺死他們全家的照片，以完成巴西雇主的任務。過了一會兒，匪徒讓克莉絲汀使用她自己的手機打電話給丈夫，他要求克莉絲汀只能講「我不去巴西」這一句話。

愛爾修家的電話響了，特務們馬上開始行動，他們需要從這個電話中確定綁匪的位置，如果打電話的確實是綁匪的話。愛爾修聽到了妻子的聲音，但妻子的表述很機械，她只是一遍一遍地重複著「我不去巴西」這句話。愛爾修以聽不清妻子講話內容為由，試圖延長通話時間，但匪徒結束通話了電話。透過這個電話，愛爾修確認了妻兒還活著，這讓所有的營救人員都感到非常興奮，至少他們還有希望。特務們確定這個電話是使用克莉絲汀的手機打來的，通話時間只有 30 秒，這不能使特務確定克莉絲汀的具體位置。克莉絲汀同樣不知道自己被囚禁在哪裡，她只能看到關押自己的屋子很髒。克莉絲汀已經有很長時間沒吃東西了，她的臉也沒有經過任何治療，恐懼和無助使得克莉絲汀漸漸地相信了這名匪徒。

不久，這名匪徒再次讓克莉絲汀使用自己的手機打電話給丈夫，讓她說服丈夫與匪徒碰面。匪徒嚴格管控克莉絲汀打電話的時間，他要求每次通話不能超過 30 秒。在電話中，愛爾修試圖透過金錢來贖回克莉絲汀，但匪徒不為所動。愛爾修想方設法地延長通話時間，他甚至故意與克莉絲汀爭執，稱自己絕對不會同意匪徒的做法，但這一行為依然沒能使通話時間得到延長，特務始終不能在如此短的時間內確定克莉絲汀的位置。

週四，匪徒將克莉絲汀帶進了一間電腦室，他讓克莉絲汀寫一封

第十六章　生死營救—邁阿密驚天綁架團

信給愛爾修，在信中他讓克莉絲汀將他的謊話全寫上，並要求愛爾修不得報警。在克莉絲汀寫完信之後，匪徒再次讓克莉絲汀打電話給愛爾修。在電話中，克莉絲汀複述了匪徒的話，並稱她會將一封信寄到EK3550126471S。在這次通話中，愛爾修要求與朱尼爾通話，他的要求竟然被匪徒允許了，儘管匪徒在朱尼爾只講了兩句話的時候便結束通話了電話，但FBI的特務們依然確定了匪徒的大概位置（範圍很大）。匪徒希望克莉絲汀能夠和他一起去見愛爾修，但他又害怕克莉絲汀臉上的傷引起其他人的注意，於是他讓克莉絲汀用鹽水清洗傷口。

在聯邦調查局循序漸進地搜查他們定位的區域時，另一條重要線索出現了。監視人員發現讓·費雷拉透過公用電話打了一個時間很久而且情緒非常激動的電話。這個電話對FBI有著很大的幫助，他們知道，不管電話的另一端是誰，他都與這起綁架案有關。

FBI從網路營運商的手中得到了這次通話紀錄，紀錄顯示費雷拉是和一名46歲，出生於委內瑞拉的黑人男子艾文·馬丁內斯（Ewin Oscar Martinez）通話。艾文現居住在距離陽光島42公里以外的佛羅里達州肯德爾市。艾文就是這起綁架案的頭目嗎？FBI需要更多的線索。

此時，距離克莉絲汀和孩子們被挾持已經過去了5天的時間，FBI必須與時間賽跑，把他們從死神的手中搶回來。當天下午，匪徒郵寄的信件到了，FBI想從這封信中得到新的線索，可是實驗室並沒能從信中得到任何有用的資訊。

無奈之下，FBI決定讓愛爾修謊稱自己同意帶大女兒與匪徒會面，以此來延長通話時間。可能是愛爾修的妥協打動了匪徒，這次匪徒並沒有及時結束通話電話。下午5時，FBI終於確定了一個準確的地址，這

個地址距離愛爾修家只有 16 公里遠。FBI 透過住房檔案聯絡到了這個地址上的房主。從房主那裡，他們得知房子已經在三週前租給了一個叫艾文·馬丁內斯的黑人。

FBI 馬上組織了特警隊準備實施營救計畫，特警們在邁阿密分局後的停車場中演練 FBI 制定的營救計畫，他們不允許有任何差錯出現。

當晚 10 時 30 分，特警們已經悄悄摸到了這棟囚困克莉絲汀的房子，他們按照計畫行事。特警們會從房子的前後門同時突入，但就在他們行動的時候，前門處的破門器出現了故障，他們晚了幾秒才將門撞開。撞門的巨大聲音驚醒了匪徒，他勒令克莉絲汀和兩個孩子與自己一起待在浴室內，克莉絲汀以為是匪徒的其他同夥要殺自己，她很配合這名匪徒的行動。

衝進屋內的特警在客廳的沙發上抓住了一名熟睡的匪徒——佩德羅·卡拉巴羅－馬丁內斯（Pedro Rafael Caraballo-Martinez），隨後特警們一間一間地搜查其餘房間，他們在浴室內找到了克莉絲汀和她的兩個孩子，當時那名匪徒就站在門後，他沒有槍械，在看到特警之後就選擇了舉手投降。克莉絲汀在確認是警方營救自己後，才隨他們轉移到救護車上。

克莉絲汀和孩子們活著，人們都沉浸在巨大的喜悅之中，他們成功地從死神手中奪回了 3 條生命。克莉絲汀在醫院內見到了愛爾修，這是聯邦調查局送給愛爾修最好的聖誕禮物。

艾文·馬丁內斯和佩德羅·卡拉巴羅－馬丁內斯被捕，在審訊中艾文對自己的罪行供認不諱。他們還將泊車員讓·費雷拉供出，隨即費雷拉被警方抓捕。至此，整個案件也水落石出。

第十六章　生死營救—邁阿密驚天綁架團

在供詞中警方發現，艾文並沒有受僱於任何組織，他們只是圖謀愛爾修的錢財。艾文的真正計畫是一次性綁架愛爾修全家，然後用酷刑折磨他們，並從愛爾修口中得到銀行帳號和密碼，最終殺死愛爾修全家，自己取而代之，從此過上富裕的生活。但他們在實施計畫的時候，出現了差錯，愛爾修並沒有和克莉絲汀一起回家。這種狀況超出他們的意料，於是他們決定將錯就錯，先綁架克莉絲汀和她的兩個兒子，然後再用克莉絲汀將愛爾修和他的大女兒誘出綁架。

費雷拉是他們計畫中最重要的一環，艾文正是透過費雷拉得知了愛爾修一家的財產情況以及他們一家的出入規律。也正因為費雷拉特殊的工作，才使他們有機會進入愛爾修的林肯汽車內。

2000 年，艾文‧馬丁內斯和讓‧費雷拉被警方以合夥綁架勒索罪起訴，法院判其有罪，並判處二人終身監禁。佩德羅‧卡拉巴羅－馬丁內斯因參與整個綁架案，被警方以同謀罪起訴，法院最終判處佩德羅 23 年監禁。

第十七章　亡命逃亡
── 連環槍殺案

在逃亡的路上，傑西依然不忘播撒自己所製造的恐懼，他用偷來的電話打了幾通電話給他堂兄，讓堂兄告訴其他人，只要他還活著，其他人就不會得到安寧，他會一直按照自己所設定的「名單」殺戮。

第十七章　亡命逃亡—連環槍殺案

2000年4月10日晚11時33分，路易斯安納州普洛維登斯湖旁一座偏僻小鎮中的一處住宅內，傳出了激烈的爭吵聲。年僅14歲的布列塔妮·杜克斯（Brittany Dukes）正擔心而又緊張地聽著父母之間愈發激烈的爭吵，她不知該怎麼做，恐懼迫使她鎖上了自己臥室的門。客廳裡的爭吵已經到了白熱化階段，布列塔妮的繼父傑西·詹姆斯·卡斯頓（Jesse James Caston）用力將她的母親安潔拉·卡斯頓（Angela Caston）推倒在地，這一舉動深深刺傷了安潔拉的心，她決定報警。

藏在臥室內的布列塔妮聽到母親撥打911，並對警方說：「我丈夫正用槍指著我的頭，在你們來這之前他就會殺了我。」聽到這，布列塔妮迅速跳起來衝向緊鎖的房門，她要衝出去制止繼父，現在她只想讓他停下來，不要做出傷害她的母親的事情。可是就在布列塔妮剛剛觸碰到房門搖桿時，客廳裡傳來了散彈槍沉悶而又巨大的響聲，繼父開槍了，他用槍對著母親的臉射殺了她。

911的接線員也聽到了槍聲，他們緊急出警，希望還可以幫到安潔拉。布列塔妮被槍聲驚呆在當場，她不知該怎麼辦，直到繼父開始拍門。傑西用力拍打著臥室的門，他讓布列塔妮趕緊開門，呆愣愣的布列塔妮下意識地去開門，在她還沒走到門前的時候，傑西已經破門而入了。傑西凶狠地盯著她，恐懼讓她不知道該怎麼辦，布列塔妮只能不斷重複地說著：「別，傑西，別⋯⋯」「別什麼？布列塔妮，你媽媽已經死了！」傑西一邊說一邊狠狠地盯著他的繼女，似乎想要從布列塔妮身上看到什麼。

過了一會兒，傑西看著呆呆站在一邊的女兒說道：「不要傻站著，去打911報警。」布列塔妮在傑西的監視下開始撥電話，傑西一邊盯著布列塔妮一邊往自己的散彈槍裡面裝子彈，在準備好武器之後，傑西對布列

塔妮說：「今晚會有很多人要死。」說完，傑西就大步走出屋子，快步走遠了。布列塔妮在傑西走後急忙跑到母親安潔拉身邊，她和母親說話，再次撥打 911，可是她也知道即便是救護車趕到，也不能救活自己的母親了。

就在布列塔妮再次撥打 911 的時候，當地警方已經趕到。儘管警長魯迪·思瑞奇對傑西有著很深的了解，傑西曾經有過多次犯罪前科，但他依舊被傑西所犯下的罪孽震驚。就在警方採集證據的時候，他們再一次接到了報警電話，又是一起槍殺案，殺人者就是傑西。

這起槍殺案的事發地距離安潔拉的家不到兩公里，住在這裡的是安潔拉最親密的朋友莎朗·麥金泰（Sharon Ann McIntyre），傑西的另外一個繼女布蘭迪·華納（Brandi Waner）也住在這裡。傑西在警方趕往安潔拉家的時候已經悄悄摸進了莎朗的家裡，他輕車熟路地開啟房門，直接走進臥室，莎朗和她的男友正在熟睡，傑西猛地開啟臥室的燈，在莎朗和她男友驚醒的一瞬間朝著莎朗的脊背連開六槍，莎朗當場死亡。

巨大的槍聲驚醒了布蘭迪，在驚起的同時她聽到了莎朗男友的慘呼：「哦，莎朗！」緊接著她聽到了繼父傑西的聲音，傑西正大聲朝莎朗的男友叫喊，他讓對方躺下，否則他馬上就會開槍，接著傑西又大聲問道：「那個女孩在哪裡？那個女孩在哪？」莎朗的男友驚慌地回答道：「我不知道，夥計，我不知道。」

得知傑西的另一個目標是自己之後，布蘭迪迅速藏進床下，她緊緊摀住自己的嘴巴，逼自己不要發出聲音。沒一會兒，布蘭迪的臥室門就被傑西粗暴地推開了，他認真檢視了房間，並搜查了衣櫃，就在布蘭迪認為他會搜查床下的時候，傑西卻不知為何突然離開了。布蘭迪馬上報警，在得知自己的母親也被傑西殺害之後，布蘭迪徹底崩潰了，眼一黑

第十七章　亡命逃亡─連環槍殺案

昏了過去，她被布列塔妮抱在懷裡，直到恢復意識，醒來時布蘭迪已經被警方保護起來，他們擔心傑西還會回來殺害布蘭迪。

隨後警方立即發出全境通緝令，傑西因涉嫌槍殺妻子和她最要好的朋友而被警方追捕。警方並不知道傑西的殺人動機是什麼，又為何要殺死莎朗，這是有預謀的殺害還是隨機殺害？他是否還會繼續殺戮，或者將整個小鎮的人通通殺死？為了避免這些事情發生，警方必須在最短的時間內將傑西抓獲。

在莎朗遇害的幾分鐘後，兩名隸屬於普洛維登斯湖小鎮的警官正在按時巡查，他們發現了一輛停放在小學操場旁的可疑車輛，就在他們使用儀器對這輛車做記錄的時候，傑西突然從這輛可疑車輛的尾部出現，並在這兩名警官沒有意識到危險的情況下，近距離朝著側駕駛室的警官開槍。傑西一共打了兩槍，在確認自己擊中之後，傑西迅速向黑暗中逃去。傑西是一個神槍手，他會使用多種槍械。兩名警官身受重傷，他們在呼救的同時確定了傑西當前的位置，但在警方隊伍趕來時，傑西已經消失得無影無蹤。

傑西是土生土長的普洛維登斯湖本地人，他對生養自己的地方非常熟悉，所以他為自己制定了一條誰也猜不到的逃亡之路。在警方趕來之前，傑西已經穿過了這座校園，他再次越過一個棒球場，然後來到了一個家用遊船碼頭。在這裡他偷了一艘船，並趁著夜色消失在了普洛維登斯湖的湖面上。

在逃亡的路上，傑西依然不忘播撒自己所製造的恐懼，他用偷來的電話打了幾通電話給他堂兄，讓堂兄告訴其他人，只要他還活著，其他人就不會得到安寧，他會一直按照自己所設定的「名單」殺戮。

短短的幾個小時之內，傑西就殺害兩人並重傷兩名警察，他的話和行為暗示著他有著更為龐大的屠殺計畫。在這個特殊的時期，整個小鎮的人都開始拒絕幫助警方，他們拒絕討論任何有關於傑西的問題，因為他們懼怕傑西的威脅會變成現實，降臨到自己身上。

2000年4月13日，傑西消失後的第三天，警方再次加大力度搜索這個當時最臭名昭彰的亡命徒。在當地警方向路易安納州的州警察局求助時，傑西已經找到了藏身之所。他穿過歐尼·威爾遜（Ernie Wilson）的房子，來到了歐尼家後面的森林中，在這裡有一座流浪漢搭建的窩棚，傑西就待在這裡，這個地方距離普洛維登斯湖小鎮不足8公里。傑西非常小心地潛伏著，他仔細觀察歐尼和他妻子的作息規律，並在他們離家之後前去盜取一些食物。

三日後，傑西認為時機成熟了，他帶著散彈槍衝進威爾遜家，搶走了歐尼身上的所有現金並挾持了這位長者。傑西用槍威脅歐尼使用自己的卡車將他載往德克薩斯州，在前往德克薩斯的路上，歐尼的卡車發動機出現了故障，在德克薩斯州馬歇爾120號公路上壞了。無奈之下，傑西只能棄車逃跑，他搭乘一位過路人的汽車，再次返回了普洛維登斯湖小鎮。

傑西不知道的是，他的這次逃亡過程看似有驚無險，實則已經犯下了致命的錯誤。在美國，綁架和非法穿越州界是聯邦罪行，這會迫使FBI接手此事，FBI會動用全國各地的力量和最先進的手段將罪犯繩之以法。

最初，FBI派遣特務哈利·迪爾協助當地警方調查。FBI特務透過特有的管道得知傑西曾在德克薩斯州的卡車站停留過，但當他們趕到的時

第十七章　亡命逃亡—連環槍殺案

候，傑西已經走遠，這時的傑西很可能已經穿越了其他州，甚至已經潛逃到了墨西哥。FBI不得不做最壞的打算，他們決定封鎖州界，當然他們並不知道的是，傑西已經回到了普洛維登斯湖小鎮。

在這個經濟落後的偏遠小鎮，傑西和他的兄弟法蘭克（Frank）、桑尼（Sonny），是整個小鎮上最有名的危險人物，他們從小就被父親托奇·卡斯頓（Tokie Caston）嚴酷地對待著。他們三兄弟幾乎每晚都會被趕出家門過夜，在這些時候，孩子們要麼去公墓尋求庇護，要麼就和自己家養的狗睡在一起。在密西西比河上的堆疊島上，傑西和他的兄弟們學會了足夠多的野外生存知識。

前檢察官布迪·考德威爾對傑西有著很深的了解，他曾經撤銷過其他人對傑西非法破壞私人財產的指控，所以傑西對布迪心存感激，但是幼年的生活使傑西養成了暴躁而又凶狠的性格，他就像食肉動物一樣，凶狠而殘暴。

1988年，傑西和法蘭克在一家本地餐廳外，因為一些矛盾而槍殺一人。在面對審判的時候，傑西稱自己是出於自衛，但他最終被法院以過失殺人的罪名定罪。在法院開庭審理期間，傑西公然從東卡羅爾堂區逃脫，他連續逃亡了兩個多月，並利用自己野外生存的技能成功躲過了警察和警犬的搜捕，但他最終還是不能忍受野外逃亡的生活而選擇自首，他和法蘭克被羈押入獄。1996年，在監獄裡度過8年的傑西被釋放，但是現在他又一次開始了逃亡。

FBI在對傑西展開搜查的同時，也開始著手調查傑西暴起殺人的動機。他們透過調查傑西的同事，慢慢地探明了致使傑西殺人的原因。傑西曾經背叛了他的妻子安潔拉，他在外出工作的時候與一名住在該區域

的女人發生了關係，並且被安潔拉所察覺。沒有女人可以忍受這種背叛，憤怒的安潔拉約上自己的好友莎朗準備將傑西抓一個「人贓並獲」，但是當天的上門「搜查」並沒有抓到傑西，屋子裡只有那個女人，善良的安潔拉並沒有跟這個女人大吵大鬧，她甚至沒有辱罵對方。

後來，傑西同意結束這段婚外情，但在之後的幾天裡，傑西開始表現得有些奇怪，他在同事的面前丟掉了工作時使用的靴子和服裝，並說自己再也不需要它們了。

回到家的傑西和家人一起看了一部真實的紀錄片，紀錄片中的女主角將自己的丈夫送進了監獄。傑西一家對這一行為展開了討論，安潔拉認為，女主角是在沒有辦法的情況下才將丈夫送進監獄的，但傑西馬上就對安潔拉說：「如果妳將我送進監獄，我會殺了妳。」安潔拉不想再理會傑西，她起身去洗澡。

在這期間，傑西跟他的情人通了電話，布列塔妮將這一切看在眼裡，她認為傑西的這種行為是對自己母親的不忠，於是便將這件事情告訴了安潔拉。安潔拉知道後，就開始指責傑西，隨後指責馬上就演變為激烈的爭吵，在安潔拉報警的時候，傑西殺了她。

謀殺莎朗則完全是因為洩憤，在慘案發生前的一年，安潔拉和莎朗是住在一起的，每次傑西試圖攻擊安潔拉的時候，莎朗都會出來調停，她並不希望傑西和安潔拉在一起，從那時起傑西很可能就開始怨恨莎朗了。

儘管FBI得知了傑西的殺人動機，但這並沒有對整個搜捕工作提供有效的幫助。聯邦調查局地毯式地搜索了德克薩斯州，但他們也沒有收穫。警方所不知道的是，傑西在逃亡中先是搭車，然後又乘坐公車到了

第十七章　亡命逃亡—連環槍殺案

路易斯安納州塔魯拉，來到了這個距離普洛維登斯湖僅僅只有 45 公里的地方。

回到故土的傑西很快就再一次找到了藏身之地。在當地，很多人都對傑西表示友好，並會主動隱藏他，對於這些人來講，傑西的違法本性和叛徒性格就像是一個英雄。

傑西隱藏在他的一位遠親詹姆斯·凱利（James Kelly）家中的一個廢棄車庫裡，他們為傑西提供了食物和衣物，傑西在這裡待了大約一週的時間。當然，詹姆斯所不知道的是，傑西和詹姆斯的媳婦安德萊亞也有著不同尋常的關係，她很可能就是傑西的另一位情婦。

一週後，傑西找來了他的另外一個女朋友，她用車載走了傑西，至此傑西又一次消失在人們的視線外。

4 個月後，FBI 將傑西的名字列入美國聯邦調查局十大通緝要犯的名單中，這也就意味著，美國聯邦調查局會一直對傑西展開追捕，一直到他落網為止。對於 FBI 的特務來講，抓捕名單上的要犯代表著一種榮譽。同時聯邦調查局對本案的懸賞提高到了 5 萬美金，如果有人能夠發現傑西，並將他送進監獄，那他就可以得到這筆錢。

9 月 27 日，特務收到線報，傑西很可能回來了，聯邦調查局再次展開行動，但仍然沒有取得成果，一直到 12 月 13 日，傑西的情婦安德萊亞和她的丈夫布巴向 FBI 特務詢問，是否可以得到 5 萬美金，並將所有的罪名歸結到傑西身上時，事情才出現了轉機。5 日後，詹姆斯的家被付之一炬，當時家中只有 4 條狗，牠們被大火燒死，這很可能是傑西做的。

第二天，詹姆斯的車在東卡羅爾堂區密西西比河碼頭上被警方發現，車中有一具屍體，另一具屍體被丟在車子不遠處，死者就是詹姆斯

和兒子布巴（Bubba Kelly）。所有人都懷疑這一切是傑西幹的，但是沒有人有證據指證他。

警方開始對傑西的父母和親戚施加壓力，他們使用先進的測謊儀判斷出傑西近期曾在他父親或者母親的住處出現過。2000年12月20日早上，特務們聯合警察搜查了傑西母親和他兄弟的住宅，但並沒有搜查到傑西。FBI決定在次日對之前已經搜查過的地方重新做一次補充搜查，並再次對傑西的父親施加壓力，但他卻一口咬定他並不曾和傑西有過聯絡。

傑西父親越是如此肯定，FBI就越懷疑，特務迪爾認為傑西這次一定隱藏在父親家中。特務迪爾帶著一名路易斯安納州的警察悄悄從傑西父親家的廚房摸了進去。即使是在中午時分發起的搜捕行動，特務們也沒有得到任何光線的便利，傑西父親家好像隔絕了所有光線一樣，室內黑漆一片，他們不得不藉助手電筒來為自己照明。特務們小心地穿過廚房、客廳，接著來到一間起居室門前。

在即將進入的時刻，迪爾認為自己應該更謹慎一些，他小心地蹲下，將自己的手電筒輕輕滾進起居室內，手電筒在向室內滾去的一瞬間照到傑西的腳，他正緊貼牆壁站著，距離迪爾僅有一步之遙。傑西在被手電筒照到的同時馬上從牆邊走開，他懷裡抱著一支卡賓步槍，槍口正對著迪爾的臉。就在迪爾將手槍瞄準傑西的時候，讓人意外的事情發生了，傑西突然將指著迪爾的槍對準了自己的下顎，他說道：「我不想傷害任何人，出去！我不想傷害任何人！退到門口！」

為了避免誤傷，迪爾身後的警員迅速抓住迪爾背心後的帶子，將蹲在地上的迪爾拖了出去。迪爾大聲要求傑西繳械投降，可是傑西不為所動，他威脅迪爾，如果他們不退出這座房子，那他就會馬上開槍。迪爾不希望

第十七章　亡命逃亡—連環槍殺案

槍戰發生，他想讓傑西冷靜下來，於是就和其他人慢慢撤到屋外。

這時，路易斯安納州的特種部隊以及戰術小組已經趕到，他們就像一張網一樣，死死地將傑西困在屋中。迪爾試圖和傑西交流，可是傑西並不想和他交談，他認為只有布迪‧考德威爾可以解救自己，如果不能和布迪談判，那他就會大開殺戒。

布迪在得到消息之後迅速趕到現場，他在特務的保護下走進屋子與傑西談判，在談判中，傑西告訴布迪他沒有殺死詹姆斯和布巴，他希望得到寬大處理，並舉出「公牛薩米」格拉瓦諾[06]的案例（格拉瓦諾曾殺害很多人，但只被判刑10年）來為自己辯解。布迪聽了傑西的要求之後對他說：「我可以不判你死刑，但如果你想要逃脫應有的懲罰，那麼傑西，你最好殺了我，真的，夥計，如果我判你10年，那其他人也會殺了我，除非這些人都死了。」

聽到布迪這樣說，傑西竟然笑了起來，他知道自己不能為自己爭取更輕的判決了，於是他請求布迪不要追究他父親和其他曾經幫助過他的人。在得到布迪同意之後，傑西就表示投降了，他將彈夾和槍分開交給布迪，接受了警方的逮捕，結束了這次為期8個月的逃亡之旅。

2週後，傑西‧詹姆斯‧卡斯頓因殺死莎朗被指控一級謀殺罪，因殺死安潔拉被指控二級謀殺罪，因試圖殺死警官而被指控兩項一級謀殺罪。因為沒有足夠的證據證明傑西與詹姆斯和布巴的死有關，所以不能對傑西進行有效的指控。在接受法庭審判之前，傑西主動承認了自己所犯下的罪行，最終被法院判處終身監禁。

---

[06] 薩米‧格拉瓦諾（Salvatore "Sammy the Bull" Gravano），美國前黑幫老大，後成為甘比諾犯罪家族的二當家。作為副老大，格拉瓦諾在起訴犯罪家族老大約翰‧高蒂的過程中發揮了重要作用，他同意作為政府證人指證約翰‧高蒂和其他黑幫成員。

第十八章　綁架疑雲
—— 情節詭異的銀行搶劫案

　　當地警方和 FBI 迅速趕到現場，特務傑夫·麥肯尼被暴徒的作案流程驚呆了，即便他在刑事犯罪上非常有經驗，他也從未見過以這種手法成功搶劫一家銀行的劫匪。在他所經手的銀行搶劫案中，所有的搶劫犯都會在暴力衝進銀行之後給出納一個袋子，讓出納將錢裝好然後帶走，所以這起銀行搶劫案堪稱「完美」。

第十八章　綁架疑雲─情節詭異的銀行搶劫案

　　2000 年 11 月 22 日，在加利福尼亞州維斯塔市郊區的一處公寓外，一名全副武裝的拆彈專家正小心翼翼地接近放在公寓門外草地上的 3 捆炸彈。他必須要在可控的範圍內拆除這 3 捆炸彈，這是一個艱巨的任務。FBI 特務傑夫・麥肯尼正焦急地站在旁邊的屋內觀察著這名拆彈專家的動作，他要確保這 3 捆剛從被害人身上解下來的炸彈能夠被順利清除。此外，還有一個念頭縈繞在傑夫的腦海中，他迫切地想要知道是誰策劃實施了這起刑事案件，在他多年的辦案生涯中，還從沒有調查過策劃如此周密的刑事案件。而這起案件，也會隨著調查的深入顯得愈發詭異。

　　整件事情還要從前一天晚上說起。2000 年 11 月 21 日晚，就在這處棄置炸彈的公寓內，蜜雪兒・蕾妮（Michelle Renee）正和女兒布麗亞在客廳內休息。今年已經 35 歲的蜜雪兒是該社區附近一家銀行的經理。蜜雪兒非常寵愛布麗亞，她剛剛為布麗亞製作了她最愛的比薩，趁著比薩還熱著的工夫，蜜雪兒準備和已經 7 歲的布麗亞一起玩一局雙人版超級瑪利，不一會兒，沙發上就不時傳出了蜜雪兒稱讚布麗亞的聲音。這樣平靜而又溫馨的生活畫面對於蜜雪兒來說是最正常不過的，她幾乎每天晚上都會度過一個這樣的夜晚，而今晚還會平靜地度過嗎？

　　就在蜜雪兒和布麗亞沉浸在遊戲中的時候，「咚」的一聲爆響，驚呆了蜜雪兒母女。她們的家門被人踢開了，3 名黑衣人從外面衝了進來，蜜雪兒驚恐地大叫起來，她迅速將布麗亞推向一邊，希望布麗亞能夠從這群破門而入的暴徒手中逃脫，可是房門到客廳之間的距離太近了，布麗亞沒有跑出多遠，便被一名暴徒按倒在地。

　　此時，蜜雪兒也被一名像是頭目的暴徒推倒在地，這些暴徒用手槍分別指著蜜雪兒和布麗亞的腦袋。蜜雪兒驚恐極了，她不僅害怕這些暴徒會搶劫財物、強姦自己甚至殺人，她更害怕他們傷害自己年幼的女

兒。蜜雪兒驚恐而又徒勞地呼喊著：「No！No！No！」眼淚從蜜雪兒的眼中湧出，她不知道自己和女兒將要面對怎樣的下場，她哀泣著請求這些暴徒不要殺死自己和女兒。

暴徒厲聲喝止了蜜雪兒，他大聲告訴蜜雪兒，如果她再發出聲音，那他手中的槍就會打爆她的腦袋。布麗亞聽到暴徒要殺自己的媽媽，她哭泣著請求暴徒不要殺害她的媽媽。暴徒並沒有理會這個哀求他們的小女孩，他們熟練地撕開自己隨身攜帶的膠帶將蜜雪兒的雙手綁上。

這些暴徒將蜜雪兒拉起，讓她跪在地上，直起身的蜜雪兒看到了正被一名暴徒按在地上的布麗亞，她的頭上同樣被指著一把槍。布麗亞也看到了跪在地上的媽媽，她以為這些人要殺死自己的媽媽，她焦急地喊著：「你們是不是要殺死我媽媽？你們是不是要殺死我媽媽？」

這些暴徒並沒有理會這名小女孩，他們反而向蜜雪兒詢問她的室友什麼時候回家，蜜雪兒哭泣著回答道：「我不知道，我不知道。」「別對我說謊！」這名看似領頭的暴徒冷冷地用槍抵著蜜雪兒，他平靜地說出蜜雪兒和她室友的生活規律，從這名暴徒的口中，蜜雪兒得知對方早在兩個月前就盯上了她們。

在這名暴徒口中，蜜雪兒知道這些暴徒的行動都是有預謀的，這使她想起了女兒曾經在晚上看到有人偷窺她，因為當時蜜雪兒並沒有發現偷窺的人，所以她沒有十分在意。現在看來女兒看到的是真的，只不過監視她們的人不是一個是三個。

在恐嚇過蜜雪兒之後，匪徒從他們帶來的提包中拿出了一捆炸彈，然後他又從口袋中拿出了一個裝有紅色按鈕的遙控器。匪徒將這兩樣東西拿到蜜雪兒面前，他威脅蜜雪兒，如果她不能幫助他們搶劫自己所任

第十八章　綁架疑雲—情節詭異的銀行搶劫案

職的銀行，那她和她的女兒都會像綁在炸彈上的肉塊一樣灰飛煙滅，並且他們會讓她的女兒布麗亞先死在她面前。

距離天亮還有12個小時，這12個小時漫長得就像是一次地獄之旅。在這漫長的等待中，蜜雪兒得知了那名個頭最矮、拿槍指著自己女兒的暴徒叫「骨頭」，他的同伴都這樣稱呼他。而看起來像是頭目的那名暴徒則負責看守自己，另一名塊頭最大、個子最高的暴徒叫赫爾歇，他被安排看守前門。這夥暴徒還使用對講機向一名叫「錢小二」的同夥通話，這是一名女暴徒，她負責把風。

晚上11時，車燈閃過公寓的窗戶，蜜雪兒的室友到家了，她剛開啟臥室的門就被躲在門後的暴徒勒住了脖子，蜜雪兒的室友被那名叫赫爾歇的匪徒拖進了臥室，她不知道室友在那裡即將遭遇什麼，這讓她感到很擔心。過了一會兒，蜜雪兒的室友被赫爾歇拖到了客廳中，他將同樣被綁著雙手的女孩丟進沙發中，但這名女孩依然不停地掙扎反抗，她不斷大聲咒罵這群暴徒，直到匪徒頭目用他的槍抵著這名女孩的臉，女孩才不得不停了下來。

蜜雪兒害怕匪徒傷到室友，就用肩膀撞開了匪徒的手槍，但匪徒隨即將手槍指向蜜雪兒，他看著蜜雪兒認真地說：「妳如果敢再碰我一次，我就會將妳的腦袋打爛，就在這裡，現在就打！」威脅過蜜雪兒之後，匪徒用膠帶封住了那名女孩的嘴巴，他們開始不停地嘲弄這些被他們捆起來的人質，他們故意講一些粗俗而又無禮的詞彙，這些詞彙讓蜜雪兒感到恐懼，她害怕這些暴徒會起其他心思。

過了一會兒，兩名匪徒走到一邊去抽菸，這讓蜜雪兒鬆了一口氣。很快另一名匪徒也加入了，他們肆無忌憚地坐在客廳內抽菸、抽大麻、

看電影、吃東西、喝可樂，他們甚至開啟電視看了一部電影，隨後這些人又開始聽音樂。如果將被綁架的蜜雪兒三人忽略掉，那麼這3名暴徒的行為看起來就像是在開蒙面派對，他們就像在自己家中一樣輕鬆自在。

天色在蜜雪兒的期盼中慢慢亮了，匪徒強迫蜜雪兒準備上班，他讓蜜雪兒去浴室洗澡，而蜜雪兒的女兒不願意和她分開，匪徒便同意蜜雪兒帶布麗亞一起洗澡。匪徒就站在浴室外，浴室的門敞開著，這樣匪徒可以透過敞開的門監視蜜雪兒。整個沐浴的過程就像是一部慢動作電影，蜜雪兒擔心這很可能就是自己人生中最後一次見到女兒了。她關掉水龍頭慢慢地擦拭布麗亞的臉。在蜜雪兒看來，如果這是人生中最後一次撫摸女兒的臉，那這次撫摸就有著太多的意義。

劫匪在蜜雪兒穿好衣服之後命蜜雪兒掀起她的上衣，他們將炸彈用膠帶綁在蜜雪兒的後背上。隨後，劫匪們又將炸彈綁在布麗亞和她們的室友身上。在做完這些之後，劫匪們給了蜜雪兒5分鐘的告別時間，他們告訴蜜雪兒，如果她把事情搞砸了，那她就永遠也不可能再見到布麗亞了。

在最後的告別中，蜜雪兒一邊撫摸布麗亞的頭髮，一邊對她說：「妳就是媽媽的一切，在媽媽決定生下妳的時候，妳就是媽媽期盼和夢想中的孩子，媽媽愛妳。」在蜜雪兒講話的時候，布麗亞很安靜，她沒有過多講話，但她的眼神就像是在告訴蜜雪兒：「媽媽要堅強，媽媽我相信妳能救出我的。」

一直到蜜雪兒在匪徒的要求下離開時，蜜雪兒才聽到了布麗亞的叫喊。布麗亞大聲呼喚她的媽媽，她不想讓媽媽離開自己，她不想媽媽一

第十八章　綁架疑雲—情節詭異的銀行搶劫案

個人去冒險。可是蜜雪兒不能回頭，她必須完成拯救自己女兒的使命。

蜜雪兒和往常一樣駕車駛往銀行，但今天她的車後座上多了一條毛毯，毛毯中藏著劫匪頭目，他在毛毯中全程監視蜜雪兒並向蜜雪兒發布命令。劫匪告訴蜜雪兒，她必須在運鈔車進去後的5分鐘之內將錢裝進準備好的手提箱中帶出來，如果她做不到或者試圖報警，那她就必須做好女兒和室友一起變成一堆碎肉的準備，而她也會被處死。

蜜雪兒帶著炸彈和手提箱走進銀行，她強迫自己勇敢起來，最起碼讓自己表現得像往常一樣，但顯然她做不到，臉色慘白的她看起來和往常樂觀開朗的蜜雪兒完全不同。蜜雪兒的同事洛蕾塔·邁爾斯跟米希爾打了招呼，洛蕾塔今天來得有些晚了，她向蜜雪兒匯報了這一情況，但蜜雪兒只生硬地說了一句「沒關係」，便提著箱子走向自己的辦公室。

到了辦公室之後，蜜雪兒習慣性地拿起電話檢視語音信箱，但就在她拿起電話之後，她馬上意識到，自己的這一舉動很可能讓劫匪誤認為她要打電話報警，她非常恐懼、懊悔，不知道自己該怎麼辦，腦袋內一片混亂。隨著時間的流逝，蜜雪兒顯得越來越焦灼，她一遍一遍地檢視掛在牆上的時鐘，時鐘每走一秒鐘就像炸彈「滴答」響了一聲。

運鈔車終於來了，蜜雪兒提起手提箱，從洛蕾塔手中接過了開門點鈔的工作，洛蕾塔雖然覺得有些奇怪，但她並沒有多想。蜜雪兒走進倉庫，放下手中的手提箱，從運鈔保全手中接過表格簽名，然後送走保全，並叫進一名出納幫她點鈔。在倉庫內只剩下出納和她之後，蜜雪兒首先要求出納保持冷靜，她要給出納看一點東西。蜜雪兒將自己的襯衫撩了起來，出納看到了她身後綁著的炸彈，出納有些不知所措，蜜雪兒鎮定地告訴出納，她要將這些錢帶走，她讓出納在自己離開後告訴銀行

準備停業，並提醒她不准報警，否則那些暴徒就會炸死她和她的女兒。

出納同意了蜜雪兒的請求，她看著蜜雪兒將這一大筆錢帶出了金庫，在蜜雪兒走過大廳的時候，不明真相的洛蕾塔走了過來，她有一些問題想要詢問蜜雪兒，但蜜雪兒讓洛蕾塔自己處理這個問題，將洛蕾塔打發走之後，蜜雪兒便帶著手提箱走出了銀行。

上午9時，蜜雪兒帶著36萬美金從銀行內走出，她將這筆錢帶進自己的車內並交給藏在毛毯中的匪徒。匪徒要求蜜雪兒將車開到銀行附近的一座公寓旁，等到蜜雪兒將車開到公寓旁之後，暴徒要求蜜雪兒下車，而他自己則坐進了駕駛室。做完這些，匪徒就要駕車逃走，但他並沒有按照之前的約定幫蜜雪兒解掉後背上的炸彈。面對蜜雪兒的疑問，暴徒告訴蜜雪兒，她只要朝著來路走，就一定會發現她的吉普車。

說完這些，暴徒就直接將車開走了，蜜雪兒非常擔心，她害怕這些歹徒說謊，她將高跟鞋脫掉，赤腳跑向來的方向，在轉過幾個窄巷之後，蜜雪兒看到了她的吉普車，車門開啟著，車鑰匙就在車上。蜜雪兒迅速發動車輛，以最快的速度往家裡趕，她現在非常擔心女兒的安全。

趕到家的蜜雪兒大聲呼喊女兒的名字，她在臥室內找到了布麗亞和室友。萬幸的是，布麗亞和室友都很安全，她們被匪徒綁在床上，而她們身上的炸彈已經被解除了。蜜雪兒迅速幫她們解開繩索，室友幫她解下了綁在背上的炸彈，她們小心翼翼地將炸彈拿出公寓丟在室外，因為擔心炸彈隨時會爆炸，蜜雪兒3人逃向住在附近的鄰居家，在這裡，她的鄰居幫她報了案。

當地警方和FBI迅速趕到現場，特務傑夫·麥肯尼被暴徒的作案流程驚呆了，即便他在刑事犯罪上非常有經驗，他也從未見過以這種手法

第十八章　綁架疑雲—情節詭異的銀行搶劫案

成功搶劫一家銀行的劫匪。在他所經手的銀行搶劫案中，所有的搶劫犯都會在暴力衝進銀行之後給出納一個袋子，讓出納將錢裝好然後帶走，所以這起銀行搶劫案堪稱「完美」。

警方的當務之急是盡快將炸彈拆除，但就在FBI拆彈專家接近炸彈之後，他同樣吃了一驚，這3捆炸彈竟然是假的！這一發現讓FBI證據鑑定小組組長巴里·維吉奧尼加入了此案，他將這些假炸彈取走化驗。最後他們發現，這些假炸彈是匪徒在一些木棍外面塗上紅漆，做出炸彈的外形，然後再用黑色電線偽裝成雷管，並在上面纏上黑色膠帶，在木棍的兩端接上黃色、黑色或紅色的電線，這些手段讓這個炸彈被做得維妙維肖，沒有見過炸彈的人如果不接觸、不仔細分辨，根本不可能分辨出這些東西是不是真的炸彈。

FBI知道他們要面臨新的挑戰了，策劃這起案件的人一定是一個狡猾而又危險的人。他們首先對犯罪現場進行了搜查，但並沒有得到有用的線索。這讓警方將這些人劃到了專業罪犯的範疇中，這些人很可能在幹完這一票之後就離開了，這會讓警方很難抓到他們。

缺少證據的警方詢問了蜜雪兒，他們從蜜雪兒的描述中得到了這些匪徒的身高、體重和身形資訊，他們知道這群匪徒都戴著滑雪面具改裝的套頭帽（在帽子上挖出可以露出眼睛、嘴巴的孔），從恐懼中恢復過來的蜜雪兒帶著警方回顧了整個案發過程，警方證實蜜雪兒所講的故事是真實的。在回顧這起綁架搶劫案的時候，蜜雪兒還向警方提供了一條重要線索。

蜜雪兒覺得她認出了匪徒露出的眼睛，而且匪徒的聲音與她猜測的人相符。蜜雪兒對警方稱這名匪徒曾以向銀行貸款為由來過銀行，當時這名自稱做攝影生意的黑人一本正經地和蜜雪兒交談，而在他們談話的

過程中，另一個女人走進了蜜雪兒的辦公室，將這名男子叫走了。蜜雪兒稱這個女人的聲音和在匪徒的對講機中傳出的女性聲音相同，她聽出了這個聲音。蜜雪兒認為自己的家庭成分和工作身分使她成為匪徒綁架的目標，這名自稱商人的匪徒曾在她的辦公桌上看到了她和布麗亞的照片，而這些照片中沒有任何一名男性，這就表明蜜雪兒是一名單親媽媽，這很可能就是匪徒綁架她的原因。

　　蜜雪兒記得這名男子曾提供了一張名片給她，她將這張名片交給了FBI。很多警探都認為這是匪徒轉移警方視線的手段，但當特務們將這張名片上的名字——克里斯多福·巴特勒（Christopher Butler）輸入電腦的時候，意想不到的事情發生了，這張名片是重要線索。警方發現巴特勒有過重犯罪紀錄，這名黑人曾參與過一起發生在亞特蘭大的運鈔車搶劫案。這讓FBI認為，這名黑人就是他們要找的人，巴特勒成了FBI的首要嫌疑犯。

　　很快FBI就找到了巴特勒的住處，巴特勒住在加利福尼亞州歐辛塞德城外27公里處的一個公寓中。FBI迅速申請了搜查令，他們在搶劫案發生後的第10天突襲了巴特勒的這處住址。雖然警方沒有找到巴特勒，但他們在這裡發現了大量線索，這些線索包括銀行劫匪所使用的滑雪面具以及他們製作炸彈所使用的木棍、電線、膠帶和紅色噴漆。

　　就在FBI搜查過巴特勒住處後不久，FBI實驗室從假炸彈上面發現了一個清晰指紋，顯然這是匪徒在檢視木棍上的漆是否乾了時不小心留下的，而這個指紋與克里斯多福·巴特勒的指紋完全相同。因此，FBI將巴特勒認定為這起搶劫案的主犯。再結合蜜雪兒對其他匪徒的描述，特務們認為巴特勒的室友克里斯多福·哈金斯（Christopher Huggins）與巴特勒的女友是另兩名從犯，當局立即下令抓捕這3名嫌疑人。

第十八章　綁架疑雲—情節詭異的銀行搶劫案

　　一週後，警方得到突破，他們在高速公路上抓獲了巴特勒和他的女朋友。巴特勒和他的女友在被捕之後顯得有些奇怪，巴特勒不僅沒有反抗，而且他還全程保持沉默和冷靜，這種表現與巴特勒的性格不符，這讓特務們有些擔心。回到警局後，克里斯多福·巴特勒依然拒絕開口，而他的女朋友則在5分鐘後開口了，但從她所提供的證詞中，警方不得不再次改變調查方向。

　　就在警方逮捕巴特勒的同一天，第三名嫌疑人克里斯多福·哈金斯的行蹤被警方掌握。哈金斯曾委託一名朋友幫自己藏匿9.4萬美元的鉅款，他的這名朋友聯絡了警方，把這筆錢上交並和警方合作，不久哈金斯被警方抓捕。而另一名嫌犯也被警方確定身分，這名叫羅伯特·奧提斯（Robert Ortiz）的白人男子已經潛逃許久了。兩個月後，警方從羅伯特前女友那裡得知了羅伯特的具體位置，他們很快就將這名嫌犯抓捕。

　　在所有嫌犯全部落網之後，警方開始審訊這些人的作案細節。而此時，警方需要考慮的是巴特勒女友供詞的真實性。在她的供詞中，巴特勒還有第五名同夥，那個人就是蜜雪兒。巴特勒的女友稱自己在整個搶劫過程中負責無線電和維持與巴特勒之間的聯絡，這讓她在一次偶然的機會下得知蜜雪兒也曾參與到這起搶劫中。她聲稱蜜雪兒·蕾妮從頭到尾都參與了此次行動的謀劃，否則這次搶劫也不能如此精準地計算好時間，而且這次搶劫金額巨大，這說明蜜雪兒知道這一天會有大量現金被送入銀行。這些供詞和推測讓警方開始懷疑蜜雪兒是否參與了此次搶劫。

　　FBI決定調查蜜雪兒，而這次調查讓FBI感到不安，蜜雪兒有6個兄弟姐妹，她成長在非常混亂的家庭中，她家裡總是缺少金錢。窘迫的生活讓蜜雪兒在16歲之後便離家出走了，她開始在一家飯店做服務員，

但她交了一名很壞的男朋友，她的男朋友用暴力脅迫她販賣毒品，那段時間蜜雪兒甚至連個住的地方都沒有，她被迫流落街頭。18歲時，蜜雪兒開始做脫衣舞女。不久之後，蜜雪兒又偽造個資在一家銀行找到了工作。從此之後，蜜雪兒白天在銀行上班，晚上去做脫衣舞女，這種狀況一直到她23歲的時候才出現改變，她結婚了並決定生一個孩子。

在此之後，蜜雪兒再也沒有去跳過脫衣舞，她開始在銀行做全職，接受不同的課程培訓。蜜雪兒在她28歲的時候生下了她的女兒，而這時她已經離婚了。此後，蜜雪兒在事業上平步青雲，她很快就坐上了經理職位，但她的個人財務狀況很差。就在這起搶劫案發生前不久，蜜雪兒曾以申請破產來償還自己欠下的債務，蜜雪兒稱這些債務是婚姻期間欠下的，自己一個人無力償還。從財務方面看，蜜雪兒確實有作案動機，但FBI並不認為這些資訊就能迫使蜜雪兒放棄一切，甚至放棄她的女兒鋌而走險。

在此案的庭審期間，辯方律師顯然將蜜雪兒以前的經歷和她破產這兩件事作為主要辯護理由，他指責蜜雪兒就是這起搶劫案的主謀，這一情況讓警方所掌握的大量證據都失去了應有的作用。

陪審團和法官在檢視證據之前，首先要確認蜜雪兒和辯方律師之間到底誰說的是真的。在經過5天的審理之後，陪審團決定相信蜜雪兒，在宣判的時候，所有關於綁架蜜雪兒的指控都被撤銷了，法官只審理了匪徒綁架蜜雪兒女兒布麗亞和她室友的指控。

最後，法院判決克里斯多福·巴特勒終身監禁，而對於巴特勒的女友，法官認為一切指控都不成立，因此她被無罪釋放。此外，另兩名從犯克里斯多福·哈金斯和羅伯特·奧提斯對自己的罪行供認不諱，他們同樣被判處終身監禁。

第十八章　綁架疑雲—情節詭異的銀行搶劫案

　　不管審訊的結果怎樣，蜜雪兒都需要重新開始自己的生活，這起綁架案和辯方律師的指控已經使她丟掉了原本擁有的一切，但她必須堅強起來，因為她的女兒布麗亞依然陪在她的身邊，這就是她不斷奮鬥的動力。

第十九章　插翅難逃
——「德克薩斯州之七」越獄搶劫殺人

接到報案後，FBI迅速派特務包圍了這座公園，他們透過狙擊槍上的望遠鏡看到了「德州七惡」的位置，他們占據著整個營地的最高點。雖然掌握了「德州七惡」的具體位置，但是如何在公園內實施抓捕就成為FBI最頭痛的事情。他們首先要保證其他人的安全，還要確保不能驚擾到犯罪集團，不能有人被犯罪集團所挾持。

第十九章　插翅難逃—「德克薩斯州之七」越獄搶劫殺人

　　2000年12月24日，美國各地都在為即將到來的耶誕節做準備。夜深了，德克薩斯州歐文社區內顯得有些寂靜。就在這時，一輛SUV慢慢開到了歐文社區內的超市門前。開車的是一名20歲的白人孕婦——米思提·辛普森，她的預產期已經到了，孩子隨時都有可能出生，她想在聖誕來臨之際生下腹中的寶寶，這是一個令人難忘又非常有意義的日子。米思提在車內等待她的丈夫麥可·辛普森下班，麥可就在這家超市內工作。沒一會兒，麥可從超市內走到車邊，他有些抱歉地看著米思提說：「親愛的，可能要晚一會兒，有幾個客人還在，等我幾分鐘好嗎？」米思提非常善解人意，她溫柔地點了點頭，但她不知道的是，麥可馬上就要面對一場噩夢。

　　超市內零散地待著幾名客人，有兩名穿著制服的男人，一直在詢問超市的工作人員是否有注意到超市內有人偷竊商品，他們還將麥可等人召集到身前辨認他手中拿著的小偷照片。麥可等人沒有理由拒絕對方合理的要求，他們走到這名男子身邊辨認他手中的照片。

　　據麥可事後回憶，這名身穿制服的男子看起來確實像一名警官，他身上的徽章和制服都是真的。就在麥可等人圍在這名「警官」身邊的時候，超市內的幾名「客人」也悄悄地圍攏在這些店員身旁。一剎那間，局面發生逆轉，這名面色平和的「警官」和圍在周邊的「客人」突然拔出手槍指著麥可等人，他們命令麥可等人將電話線拔掉，讓麥可和其他店員像跳兔子舞一樣排成一排（後一人的雙手搭在前一人的肩膀上）。麥可從這些人雜亂的呼喊中知道了對方是搶劫犯，他們不敢反抗，這些人手持大量槍械，誰若想做英雄，誰就會死。

　　麥可和他的同事們被這些人搜了身。這時，麥可發現對方一共有7人，他們手裡都有武器。這7個人將麥可等人趕到超市的員工休息區，

他們讓麥可等員工（17人）將身上穿的員工制服脫掉，然後自己換上。在超市後的休息區，店主陳列著很多種槍械，但麥可等人已經被這7個人用繩子或者腰帶捆了起來，他們命令店主將超市的保險櫃開啟，將裡面的錢和店內的槍械全部裝了起來。

就在這些人裝錢和武器的時候，守候在店外的米思提察覺到超市有些異常，但她只看到了店員們走向休息區的一幕，看起來像是員工們要開一個內部會議。這種現象迷惑了米思提的判斷，她不能確定超市內發生了什麼。米思提決定打一通電話給她的朋友，她需要有人幫她確認超市內是否發生了狀況。幾分鐘後，米思提的朋友趕到，她確認超市內確實出了狀況，擔心丈夫的米思提馬上撥打了911報警。

同一時間，警官奧布里‧霍金斯（Aubrey Hawkins）正在和他的妻子以及兒子共進晚餐。就在他們開心地聊著生活趣事時，奧布里接到了警局安排的任務，他們要求奧布里迅速趕往事發地點。警員身上都帶有定位以及語音系統，案發當時，奧布里距離事發超市最近。奧布里馬上起身趕往超市，他在臨走之前吻了兒子的額頭，並向他們保證自己馬上就會回來。當時警方認為超市內只是出現了可疑情況，所以他們只派遣了奧布里一個人趕往現場調查，而奧布里也不知道，這一吻將是他對兒子的最後一吻。

就在奧布里趕往超市的過程中，超市內的搶劫人員正在搬運他們選中的物品。這些人從保險櫃中拿走了7萬多美金，他們還拿了許多衣服、鞋子以及露營時使用的睡袋、帳篷。他們將這些物品搬到了從超市老闆手中奪來的福特汽車內。就在這些小偷們將所有貨物搬上汽車準備離開的時候，奧布里警官開著警車趕到了，他的警車剛好擋在這些搶劫犯即將逃亡的方向。

第十九章　插翅難逃—「德克薩斯州之七」越獄搶劫殺人

就在奧布里發現這些搶劫犯的同時，這幾名搶劫犯也發現了奧布里。當時奧布里並不曾想到自己會受到攻擊，他第一反應就是透過肩上的警用對講機向警局匯報情況，可是就在他偏頭的一瞬間，這些搶劫犯幾乎同時掏出了別在腰間的手槍，他們瘋狂地向奧布里的警車射擊，巨大的槍聲劃破了冬夜的寂靜。超市員工祈禱的警方終於來了，但他卻是頂著匪徒的槍林彈雨而來。

奧布里・霍金斯警官身中 11 槍，在確認警察已經不能行動之後，這些匪徒衝向偷來的汽車準備逃走，可是奧布里駕駛的警車剛好擋住了他們前行的道路，一名匪徒衝下車將奧布里從警車內拖了出來，他先對著已經死去的奧布里打了一槍，然後才將這輛警車倒在一邊。隨後，這些匪徒駕車從奧布里警官身上駛過，向遠方潛逃。

奧布里・霍金斯的屍體從犯罪現場抬了出來，後面還跟著他的妻子和他年僅 9 歲的兒子。儘管人們都很悲痛，但他們依然不能讓他的屍體「休息」，法醫要盡快對奧布里的屍體做屍檢。奧布里身上滿是彈孔的警衣被拿走取證，這件警衣將成為那 7 名歹徒殺害警察的罪證。

數十名歐文社區的警察調查了案發現場，他們發現這起搶劫案是一起「占領式的搶劫」，搶劫的人並非是一群為了錢財鋌而走險的街頭罪犯，他們有著極強的組織性，就像「恐怖組織」一樣。

在警方推測這 7 名罪犯的身分時，一名歐文警探突然想起一條 11 天前 FBI 發布的通緝令，有 7 名犯有不同罪行的罪犯突破了聖安東尼奧市的監獄安全體系，成功越獄了。這 7 人也被 FBI 以「德克薩斯州之七」（Texas Seven）命名。FBI 知道，這些聚在一起、有組織、有目的（警方尚不清楚）的暴徒有著多麼強的破壞性，沒有人能夠預測到他們想要做

什麼，也沒有人能夠預測到自己會不會遇上這些全副武裝的暴徒。

聯邦調查局與德克薩斯州刑事司法部直接介入此次搶劫襲警案。喬治·里瓦斯（George Rivas）就是這 7 名匪徒的首領，FBI 知道喬治是一個典型的自我陶醉者，他只關注自己的形象，他組織這場越獄的根本目的其實並沒有為其他幾名歹徒著想，他只是為了讓自己更出名。30 歲的喬治因為以極端暴力的形式掃蕩了一家超市以及曾暴力綁架而被警方抓捕，他在監獄裡待了 18 年，直到他越獄為止。

喬治心裡很清楚，他們已經殺了一名警察，這會讓他們沒有任何回頭路可走，如果被警方逮捕，那等待他們的只有死亡。喬治決定加大賭注，他們需要在警方封鎖州界之前逃出去，而逃出德克薩斯就是他的第一個計畫，他絕對不會束手待斃。

「德克薩斯州之七」有著極強的組織性和隱祕性，這種特性直到他們越獄的那一刻才被警方察覺。2000 年 12 月 13 日，被譽為聖安東尼奧市「最強大安全機構」的州立監獄內正悄悄醞釀著一起越獄。

喬治·里瓦斯早在幾個月前就已經開始物色他看上的「同行者」，他會精心挑選另外 6 名同伴，這 6 名同伴會隨他一起逃出這所監獄。最終，喬治選中了麥可·羅德里格斯（Michael Anthony Rodriguez），一個與他人合謀殺死自己妻子的死刑犯；約瑟夫·加西亞（Joseph Garcia），一個組織型殺人犯；賴瑞·哈帕（Larry James Harper），一個強姦犯；蘭迪·哈帕林（Randy Halprin），一個虐待孩子的暴力狂；派翠克·墨菲（Patrick Murphy Jr.），一個會使用致命武器的歹徒；唐納德·紐波利（Donald Newbury），一個暴力搶劫犯。這些暴力罪犯最終選擇聽從喬治的指揮，他們共同設計了一個越獄計畫。

第十九章　插翅難逃—「德克薩斯州之七」越獄搶劫殺人

喬治與他選擇的6名歹徒在一個維修單位工作（服役）。在逃走的那天早上，喬治事先安排6名同伴藏在維修間內，由他出面一個一個地將管理這個維修工廠的9名平民主管以及4名獄警騙進維修間，並將他們制伏。在將這些獄警和主管捆起來並堵上嘴之後，喬治他們將這些人的衣服鞋子脫掉，替換了自己身上所穿的囚服。

接下來，他們要做的就是摧毀能夠監控整個監獄的指揮塔（其實就是監控中心）。喬治親自換上維修人員的制服，他以檢查指揮塔電子系統為由請求進入指揮中心。指揮塔很快批准喬治進入，喬治非常冷靜地接近指揮塔操控人員（一人），他很自然地和管理指揮塔的警官打了招呼。

喬治看到警官的配槍就放在辦公桌的外側，他走近辦公桌，自然地將工具箱放在靠近辦公桌的地上，等喬治直起身的時候，他順手拿起這把357配槍假裝很好奇的樣子一邊開啟彈夾（其實是檢視子彈），一邊向警官問「是這樣用嗎」，就在警官制止他的時候，喬治已經拉開了手槍保險，他將槍口對準了這座監控塔內唯一的警官。就這樣，喬治輕易控制了整個監控中心。

在控制了監控塔之後，喬治叫來其他人，將塔內存放的警槍全部帶走，這些槍裡面還包括一支可以穿透防彈衣的柯爾特AR-15衝鋒槍。在做完這些之後，喬治又偷了監獄內用來做維護的卡車，他們在卡車的車斗內放置了一個小型的「特洛伊木馬床」（由木板搭建可以藏人的床型構件），他們在這裡面藏了4個人，其餘幾人以市民維修工的身分駕車駛出監獄。據這7名犯人回憶，他們在駕車逃跑的時候一直在背誦《聖經》，他們祈求上帝能夠帶給他們好運。看起來好像是這樣，他們成功逃離了監獄。

當德克薩斯州刑事司法部收到犯人越獄這條消息的時候，喬治他們已經消失在警方的視線裡，儘管監獄在一個小時內就發出了緊急預警訊號，並通知了當地警方、聯邦調查局以及其他所有執法機構，他們動用了所有能夠動用的人力搜查各個區域，但是一個小時實在太久了，久到「德州七惡」可以做太多的事情。

FBI向這7名已經潛逃的罪犯家中各派遣了一名偵探，他們希望這些罪犯會聯繫家人。向家人求助是所有人在面對困難時的共同選擇，而逃向自己熟悉的區域會增加他們的存活機率，這是人類的共性。但他們失算了，喬治在越獄成功之後便嚴厲告誡了他的所有「隊員」，他不准他的「隊員」聯絡家人，因為這不僅會使自己被警方抓獲，還會讓自己的家人受到牽連。

兩個小時後，警方在一個距離監獄8公里遠的沃爾瑪大型超市內的停車場中，發現了那輛被「德州七惡」偷走的維護卡車，但車內沒有一人，而整個商場也沒有其他車輛被盜。儘管商場的部分鏡頭記錄了喬治等人棄車時的畫面，但僅有的一個自動監視器並不能記錄喬治是如何離開的。FBI懷疑「德州七惡」很可能得到了其他援助。

FBI決定擴大搜索範圍，並增加路障排查區域。24個小時後，警方沒有任何線索。當局懷疑由喬治帶領的集團很可能已經跨越邊境進入了墨西哥。但就在所有人都認為他們會透過邊界州逃向墨西哥的時候，喬治一夥則反其道而行之，他們順著相反的方向逃走了，這讓他們瞬間跳出了警方設定的包圍圈。

9天過去了，警方依然沒能掌握任何與「德州七惡」有關的資訊。這群暴徒在喬治的帶領下非常低調，他們住最便宜的廉價旅館，他們努

第十九章　插翅難逃—「德克薩斯州之七」越獄搶劫殺人

力改掉監獄中養成的習慣（比如在監獄中用餐之後會用毛巾將餐叉擦乾淨），他們甚至改變了頭髮的顏色並蓄起鬍鬚。這些行為讓他們看起來和現實中的普通民眾沒有差異，警方漸漸地開始懷疑這些人是否已經分開潛逃，可是「德州七惡」知道，在沒有弄到身分資訊之前，他們是不能做這樣的決定的。

得不到任何線索使得警方十分懊惱，這種狀況一直延續到耶誕節前夕。在歐文社區的一家運動品商店內，警方再次得到了這群逃犯的線索，但警方付出的代價是，一個警官的生命。「德州七惡」在洗劫了這家商店之後，已經擁有了近60支槍和7萬美元現金，擁有這些物資的匪徒會變得空前強大。

警方從奧布里·霍金斯身上取出的子彈判斷出，當時至少有5支槍向他射擊，這就意味著7名逃犯中的5人積極參與射殺這名警官的行動。在這起案件發生後不久，警方在距離案發地點不足800公尺的位置發現了逃犯搭乘的汽車。他們在車內發現了血跡。

FBI實驗室對這些血跡進行了採集化驗，他們發現這些血跡分別來自3個不同的人，其中一個和奧布里·霍金斯警官相符，而其他血跡明顯來自匪徒。這些血跡意味著，當這些匪徒射殺奧布里警官的時候，警官曾開槍還擊，並使匪徒中的某人受傷。這是一條重要線索，警方迅速封鎖了整個區域內的診所，但他們並沒有找到喬治等人。

與此同時，因為「德州七惡」案件一直沒能取得有效的進展，該案的負責人丹妮·戴芬巴特批准，任何向警方提供對抓獲「德州七惡」有利資訊的人都可以獲得1萬美金，如果有人能夠抓獲「德州七惡」，那麼他們可以得到5萬美金。雖然這是一筆鉅款，但沒有人願意招惹這群攜帶大

量武器的歹徒。2000 年 12 月底，逃犯已經潛逃 2 週了，他們很可能已經逃到了幾千里以外的地方，警方依然沒能掌握逃犯的蹤跡。

就在警方拚命搜查「德州七惡」的時候，他們要找的人正躲在暗處養傷。據喬治回憶，當時他自己都不相信他能撐過那晚，他甚至已經做好了死亡的準備，他告訴集團的其他成員，如果第二天他沒有醒，就把他放在浴缸內，在他身上放滿冰塊並開啟製冷機，隨後將整個浴室封起來，這樣他的屍體就可以多儲存兩天。他還讓這些人多付兩天的房費，在門的外面掛上「請勿打擾」的牌子，這樣他就可以在警方發現他的屍體之前為其他人爭取兩天的時間。

但命運決定喬治不能死在這裡，他挑選的搶劫犯唐納德·紐波利發揮了作用，這名搶劫犯隨身帶有魚線，他首先在喬治嘴裡塞了一條皮帶，讓其他人壓著喬治的四肢，然後他用燒熱的魚鉤將喬治體內的子彈取出，並用魚線將喬治腰間的傷口縫了起來。

在喬治恢復行動能力之後，整個集團逃向了西面的科羅拉多，在這裡他們花了 13,000 美元在一處森林公園房車營地內買了一個露營基地。在這處營地內，「德州七惡」開始嘗試融入當地社區，他們像正常人一樣去超市購物，去桌球房娛樂，去參加《聖經》學習，他們甚至在這裡弄到了新的駕照和車輛。

喬治認為，只要他們在法律允許的範圍之內做事情，那他們就不會被警方發現。但喬治所不知道的是，該案件的負責人——FBI 主管丹妮·戴芬巴特已經簽署了聯邦授權的 UFAP（非法飛行免於被起訴），這個授權的簽署使得整個搜索行動轉變成美國全國性的大範圍搜索。

馬克·莫深被任命為此次大範圍搜索的總負責人，他認為「德州七

第十九章　插翅難逃—「德克薩斯州之七」越獄搶劫殺人

惡」很可能在某個偏僻的地區充當廉價勞動力，以此來躲避警方搜查，他決定在全國性的電視節目中公布這 7 名逃犯的照片，這一次聯邦調查局交上了好運。房車營地的負責人看到了這條新聞，他馬上意識到住在自己營地內的 7 名外來者就是電視新聞上所報導的 7 名逃犯。在經過一番掙扎之後，該營地的主人決定向 FBI 報案。

接到報案後，FBI 迅速派特務包圍了這座公園，他們透過狙擊槍上的望遠鏡看到了「德州七惡」的位置，他們占據著整個營地的最高點。雖然掌握了「德州七惡」的具體位置，但是如何在公園內實施抓捕就成為 FBI 最頭痛的事情。他們首先要保證其他人的安全，還要確保不能驚擾到犯罪集團，不能有人被犯罪集團所挾持。

在警方制定抓捕計畫的時候，公園的管理者主動表示自己會協助警方，他利用早上巡視營地檢視房間的機會，探明當時房車內只有 4 人，並且有兩個人很快會開車去小鎮上辦事。不久，一輛銀灰色的吉普車向營地外駛去，但和營地管理者描述的有所不同，車內不是兩個人而是 3 個人。

警方迅速跟上這輛銀色的切諾基，他們需要在合適的位置抓獲車中的 3 名匪徒。為了將損失降到最低，FBI 決定等這些匪徒停車後再實施抓捕。

幾分鐘後，這輛切諾基開進了一個加油站，FBI 決定抓住這個機會，就在這輛車停下的一瞬間，將近 20 名特警從四周圍了上來，車內的匪徒驚呆了，他們根本沒有發現自己被跟蹤了，而他們也不敢反抗，他們害怕被特警當場擊斃。就這樣，特警順利將車內的 3 名歹徒抓獲，他們分別是麥可・羅德里格斯、約瑟夫・加西亞和「德州七惡」的首領喬治・里瓦斯。

與此同時，警方對「德州七惡」居住的房車實施了包圍，他們用擴音器與車內的歹徒們保持聯絡，敦促歹徒們投降。就在警方喊第二遍的時候，蘭迪‧哈帕林走出房車向警方投降，從他的口中警方得知，車內還有一名歹徒賴瑞‧哈帕。

　　在之後的4個小時中，賴瑞‧哈帕拒絕投降。在經過全力交涉之後，賴瑞說他要和他的父親通一個電話（賴瑞的父親是一名高官）。警方撥通了賴瑞父親的電話，他的父親卻只說了一句「你們殺了他吧」，便結束通話了電話，不久賴瑞在車內自殺身亡。事後，據賴瑞的同夥講，賴瑞的父親知道他要越獄，他警告賴瑞如果他敢越獄，那他就會和賴瑞斷絕關係。

　　此時依然有兩名匪徒逃脫在外，據營地的管理者提供的線索，警方得知這兩名匪徒乘坐的是一輛棕紅色的汽車。兩天後，警方得到確切的線報，這兩名匪徒正待在科羅拉多州科泉市的一家飯店內。特務們在將這家飯店包圍之後，祕密將店內的房客轉移。做完這一切之後，FBI透過飯店的室內電話聯絡上了這兩名匪徒，在經過幾番掙扎之後，這兩名匪徒決定投降，但他們要用投降換來一個在電視機上向公眾直播的機會。FBI同意了他們的請求。

　　隨後這兩名匪徒繳械投降，令人感到滑稽的是，他們竟然在電視直播中指責政府，他們聲稱這次越獄行動全是政府一手導致的。當然，這些話是沒有人會相信的。

　　6名存活下來的囚犯被轉移到聯邦司法部監獄內看管。不久之後，這6名囚犯都被法院判為有罪，並因為謀殺警察奧布里‧霍金斯而被處以死刑。麥可‧羅德里格斯的父親勞爾（Raul Rodriguez）因為在監獄附近的

第十九章　插翅難逃—「德克薩斯州之七」越獄搶劫殺人

沃爾瑪停車場向「德州七惡」提供逃跑使用的車輛而被定罪，被法院處以10年監禁，但他在服刑5個月之後便被保釋。麥可在7年後被執行死刑，其他5名暴徒則在監獄中慢慢等待死亡的到來。對於正義來說，死前的煎熬也正是處罰他們的最好形式。

第二十章　遲來的正義
—— 追凶 20 年

　　接下來，警方又從丹尼斯的口中得知了另一件讓人後怕的事情，丹尼斯在作案後的第二天曾試圖自殺，但他最終沒有動手。丹尼斯在自殺未果之後被送進了醫院，他和珍妮佛就住在同一樓層，因為當時丹尼斯已經刮了鬍子，所以護士並沒有認出丹尼斯。如果警方沒有在珍妮佛門外留下一名警察的話，那丹尼斯繼續殺害珍妮佛的可能性仍然很大。

第二十章　遲來的正義─追凶20年

2008年夏，在FBI舊案處理中心，特務理察‧瑞尼森正在深挖一起舊案，這件發生在18年前的舊案讓理察十分震驚。這起案件凶手的作案對象和他所使用的作案手法都是理察最深惡痛絕的，而凶手竟然還沒有被警方抓獲！一想起那名被害人的慘狀，理察就不由得想起了自己和被害人同歲的女兒。他暗下決心，一定要在有生之年將凶手抓獲。理察決定聯合德克薩斯州警方，重啟這起塵封18年的舊案。這次，警方無論如何都要將這起案件破獲，他們需要還給被害人一個公道。

FBI首先要做的就是調查凶手，他們要足夠多地了解凶手的資訊。透過凶手的作案手法得知，凶手很可能是一名有著強烈性幻想並且在性幻想中帶有性虐待的變態狂（程度有待估測）。這類凶手最大的特點是他們在作案的時候通常會使被害人感到極大的屈辱和痛苦，而凶手則透過被害人表現出來的痛苦和屈辱來獲得快感。這類凶手是非常危險的，因為他很可能會因為內心中所產生的強烈性幻想而偶然性作案，這種重視殺人過程的凶手無疑是被害人的噩夢。

事情還要從18年前說起。

1990年8月11日，在德克薩斯州的迪金遜，一位母親被清晨的陽光喚醒，她看了看放在床頭的時鐘，時間已經不早了。這位母親開始呼喊她的女兒珍妮佛（Jennifer Schuett）起床上學，但珍妮佛並沒有回應她。母親來到珍妮佛的臥室，她發現珍妮佛的床上空空如也，女兒竟然沒有在臥室內，她急忙尋找了整間臥室，但女兒明顯沒有在和她玩捉迷藏，她不在家。母親焦急地尋找了幾十分鐘，但她並沒有找到珍妮佛或者得到珍妮佛在哪裡的資訊。母親決定撥打911報警。

當地警方迅速趕到珍妮佛的家，他們在仔細搜查過珍妮佛的臥室之

後發現，珍妮佛臥室外的窗子是開啟的，但窗子上的落塵已經被人為清理過了，警方不能從窗子上得知珍妮佛是自己離開的還是被他人脅迫的。

迪金遜是一座安靜的小鎮，儘管這裡環境優美，但很少有陌生人來到這裡，而在迪金遜也幾乎沒有發生過任何暴力性事件，所以孩子們經常會在清晨獨自去野外玩耍，警探們安慰珍妮佛的母親，她的女兒很可能自己跑出去玩了。隨著時間的流逝，警方也開始著急起來，他們害怕年僅8歲的珍妮佛會在野外走丟或者被一些陌生人誘拐，於是警方決定展開大範圍搜查。

就在珍妮佛失蹤後不久，9歲大的科魯茲・拿內茲在他母親的囑咐聲中與同伴們一起跑向野外玩耍，他和同伴們決定去一個有著和他們差不多高野草的草叢中玩捉迷藏。這片距離他們家屋後不遠的草地看起來與往常並沒有什麼不同，孩子們興奮地衝進草叢內開始尋找能供自己躲藏的地方。就在遊戲開始後不久，科魯茲便被一個同伴從藏身之地叫了出來，他從那名同伴的口中聽出了恐懼，科魯茲以為這名同伴看到了一條蛇或者一隻野狗，他害怕同伴受傷，於是迅速跑了過去。

科魯茲跑到現場後，發現這裡並沒有蛇或者狗。科魯茲順著同伴指的方向又往前走了幾步後，看到了一幅令他一生都難以忘記的畫面——一名喉嚨被切開的小女孩赤身裸體躺在一個火蟻窩邊，她身邊還流了一大攤血。小女孩看起來像是死了，這樣血腥的一幕嚇壞了科魯茲，他大叫著往家裡跑。他的媽媽在弄清狀況之後迅速向警方報了案。當地警方和救護車火速趕到現場，他們也被眼前的這一幕嚇到了。失蹤的珍妮佛・舒特被警方找到了，但她現在奄奄一息。

第二十章　遲來的正義—追凶 20 年

在警方和醫院的檔案中，我們可以看到這名小女孩幾乎是硬撐著攥緊了自己的生命，她堅持到了獲救的那一刻。珍妮佛被空運到加爾維斯敦的一家醫院內搶救，在這裡醫生判定珍妮佛曾遭到很嚴重的強暴，而她的喉嚨也被凶手用利刃從左至右劃開了，珍妮佛的聲帶被割斷。從警方拍攝的傷口照片中，我們可以清楚地看到，珍妮佛大半個脖頸上都是傷口，這樣一個巨大的傷口通常只會出現在死者身上。

儘管醫院進行了緊急搶救，手術也成功了，但就算是搶救珍妮佛的主治醫生也不能確認她是否能夠逃過這一劫。幸運的是，珍妮佛從死神的手中逃了出來，這是一個幾乎不可能發生的奇蹟。但醫生告訴珍妮佛的母親，即便珍妮佛能夠活下去，她也不可能再開口講話了。珍妮佛脖頸上的傷口意味著凶手當時是想要殺死她。珍妮佛不能講話也使得警方很無助，他們很難從珍妮佛口中得到其他線索。

為了能讓珍妮佛堅強地活下去，在珍妮佛術後昏迷的一段時間內，母親和註冊護士[07]莎朗‧麥克布里德一直緊握著她的手，給她加油打氣，她們告訴珍妮佛她是最堅強的，她們要幫助珍妮佛與死神抗爭。

迪金遜警方現在需要確保珍妮佛的安全，他們在醫院門外留了一名警察來專門保護珍妮佛。警方不能抱任何僥倖心理，這項決策的正確性也在 20 年後得到了證實。對於迪金遜警方來說，珍妮佛案件是他們從未見過的凶案，在他們這個地區，從來沒有發生過類似的案件，這讓他們如臨大敵。

如何找到有用的線索是警方面臨的難題，探員們首先搜查了珍妮佛

---

[07] 在美國，註冊護士（Registered Nurse, RN）是一種經過培訓和認證的護理專業人員，負責提供各種醫療和護理服務。註冊護士的職責範圍廣泛，包括但不限於患者護理、健康教育、醫療紀錄維護和與其他醫療專業人員的合作。

被拋棄的地點。證據分析員約翰·普魯伊特使用紫外線光在距離被害人被遺棄地點一兩米的地方發現了一團極細小的棉纖維，這團棉纖維很可能是凶手在作案過程中不小心割下的，現在警方需要找到與這團棉纖維相匹配的東西，他們決定擴大搜查範圍。

不久，警方便在兩個街區以外的地方找到了珍妮佛的粉色睡衣和內褲，這兩件衣物被包裹在一件淺藍色的男士T恤內。證據分析員迅速趕到，他在採集這些證物的時候還在這些衣物內發現了一條男士內褲，而這條內褲上還有一塊精斑。

這些證物的發現對現在的科技來說，意味著警方無疑已經掌握了最重要的線索，但在當時，DNA還是一個生僻詞。即便是在美國，DNA的相關研究也尚處在嬰兒期。儘管警方將這些證物移交到了該郡最頂尖的DNA研究中心，但這個研究中心研究DNA也不過只有兩年的歷史。對當時的研究中心來說，如果想要檢測出完整的DNA，那他們就需要至少一升的精斑、體液或者血液，而警方提交的證物顯然不能讓他保持樂觀。

就在探員們等待研究中心的研究結果時，他們獲得了一個出人意料的突破口，珍妮佛在她母親和莎朗的照顧下甦醒了，而且隨著珍妮佛狀態的恢復，她迫切地想要向警方說明自己的遭遇，這讓警方感到欣喜。警方沒想到這個孩子竟然沒有像其他被害人那樣逃避那段噩夢般的經歷。珍妮佛開始使用紙筆與警方進行交流，她還在護士莎朗的鼓勵下，與素描師合作畫出了凶手的素描畫像。

從珍妮佛提供的線索中，警方得知襲擊珍妮佛的凶手是一名二三十歲的白種男人，他留著深色的短髮和遮住半張臉龐的鬍鬚。案發當天，這名男子開著一輛藍色的別克轎車，警方還從珍妮佛的筆下得知了這名

第二十章　遲來的正義—追凶 20 年

凶手的名字———丹尼斯。警方迅速將這張素描像和凶手所駕駛的車輛以公告的形式張貼在公共區域，他們希望得到民眾的幫助。不斷有民眾向警方打來電話，但這些線索沒有一條與凶手有真正的關聯。

就在案件陷入停滯的時候，珍妮佛再一次給警方帶來了驚喜。8 歲的珍妮佛愛吃糖果，她向母親索要糖果，但醫生囑咐珍妮佛不能吃糖果，母親拒絕了珍妮佛。得知這個結果的珍妮佛竟然生氣地發出了一個短促的音調，這個聲音不但嚇到了她的母親，還嚇到了珍妮佛，就連她自己也不敢相信她竟然發出了聲音。儘管醫生並不認為這是一個好現象，但珍妮佛還是開口說話了，這簡直是一個奇蹟。在珍妮佛的敘述中，警方得知了整個案件的全部過程。

案發當晚，珍妮佛和母親像往常一樣上床睡覺。在半夜的時候，珍妮佛因蚊子叮咬而醒了過來，她一邊驅趕蚊子一邊弄醒了母親，他母親決定讓她回到自己的房間獨自睡覺，因為她在珍妮佛的床上掛了蚊帳。回到室內的珍妮佛將儲蓄罐和圖畫書拿了出來，玩了一會之後便抱著書本睡著了。

大約在凌晨 2 時 30 分，一名男子悄悄地開啟了珍妮佛臥室外的窗戶（珍妮佛家在一樓，警方推測他可能是被臥室內的燈光引過來的），他走進室內輕輕地將珍妮佛抱起，然後又從窗戶逃了出去。珍妮佛在夢中驚醒，她看到自己被一名陌生男子抱在懷中，她想要大聲呼救，可是這名男子馬上用手捂住了珍妮佛的口鼻。他迅速將珍妮佛抱向了他停在路邊的車內，隨後這名男子便將車子開走了。

在車內，這名男子鬆開了捂住珍妮佛口鼻的手，他向縮在一角的珍妮佛說話，告訴珍妮佛他是一名便衣「警察」。珍妮佛當時只有 8 歲，而

學校和家長都教育他們要相信警察，警察是好人。珍妮佛便在這名「警察」的安慰下相信了他。8歲的珍妮佛正是一個充滿好奇心的小女孩，她開始和這名警察說話，珍妮佛問了這名「警察」許多問題。不知不覺中她就被「警察」帶到了幾公里之外。

他們還從珍妮佛祖父母家的門前經過，在路過這裡的時候，珍妮佛曾請求這名「警察」將她放在這裡就可以了，但這名「警察」以家裡沒人為由拒絕了珍妮佛。最後這名「警察」將珍妮佛帶到了她就讀的小學門口。

「警察」將車停在校外的停車場上，他讓珍妮佛看頭頂的月亮，等到月色變成特定的顏色之後，珍妮佛的媽媽就會來接她了。「警察」還給珍妮佛糖果，但珍妮佛並沒有接，她記得老師曾讓他們不要接受陌生人的糖果。在校門口停了一會之後，「警察」開車將珍妮佛帶到了一塊草木茂盛的野地內。

「警察」將車停好之後告訴珍妮佛，他的槍就在車子的後座上。他對珍妮佛說如果她想看就可以自己去拿，珍妮佛想要看一看警察的槍，於是她從車座中間向車後面爬去，就在她將頭伸進車後座的一瞬間，「警察」突然扯下了珍妮佛的內褲，他就在車的前排座位上強姦了珍妮佛。

珍妮佛昏了過去，等她醒來的時候，她發現自己正被「警察」抓著腳踝在地上拖行。「警察」將珍妮佛丟在一個火蟻窩旁就轉身走了。珍妮佛掙扎著想要呼救，但她發現自己幾乎不能動也發不出聲音，此時的珍妮佛還不知道她的喉嚨已經被凶手割破了，直到珍妮佛的右手恢復知覺以後，她才摸到自己的脖頸被切開了一個大口子。

在摸到傷口的時候，珍妮佛就知道她很可能要死了，她開始在內心

第二十章　遲來的正義—追凶20年

中祈禱，為她的家人，為她所接觸到的一切祈禱。當死亡即將來臨的時候，珍妮佛並沒有感到恐懼，她知道到自己快死了。命運不肯將所有的苦難都降臨到珍妮佛的身上，珍妮佛不僅活了下來，而且她又重新得到了聲音。珍妮佛在醫院內接受了大範圍的治療，但她在出院之後的3年內都不得不在喉嚨中插上一根呼吸管。

傷痛不僅僅遺留在珍妮佛的記憶中，她的經歷讓她在很長一段時間內都畏懼男性，而這次強姦也讓她再也沒有懷孕的可能。康復中的珍妮佛特別熱衷於講話，她試圖透過講述自己的經歷來驅散內心中的陰影，只要有人願意聽，珍妮佛都會向他們講。

就在警方根據珍妮佛提供的線索進行大範圍的搜索時，DNA研究中心也傳回了消息，他們無法從警方收集的證據中提取到DNA，但他們確認在現場發現的纖維和兩個街區外丟棄的男士內衣是相匹配的，實驗室還在男士內褲的裡層發現了兩根男性陰毛，但受限於當時的技術，分析師擔心鑑定這兩根毛髮會毀掉這一證據。調查人員決定將這些證物封存，直到他們找到了確切的嫌疑人之後再將證物啟用。

1993年，關於珍妮佛一案出現了新的轉變。珍妮佛在一份報紙上看到了一則訃告，珍妮佛覺得訃告上的照片和襲擊過自己的那個男人很像，這個男人是因為在監獄中與人發生打鬥而意外身亡的，而他原來還是珍妮佛媽媽的高中同學。珍妮佛的媽媽在仔細思考後，認為這名男子很可能就是傷害女兒的凶手，於是她打了電話給警方。

警方決定動用那兩根毛髮，但訃告上的那名男子的屍體已經被獄警掩埋了，研究人員只好對比血型，但檢驗結果排除了這名男子的嫌疑，他不是傷害珍妮佛的凶手。珍妮佛一案再次進入了停滯，警方只能將這

起案件暫時封存。

15年後,珍妮佛一案有了新的線索。2008年1月,迪金遜警方安排蒂姆・克羅米探員重查這起懸案。蒂姆很快就得到了理察的幫助,理察原本專門稽查針對青少年兒童的犯罪,他認為蒂姆首先應該重新整理這起案件中的所有證據。

在看過這些證據之後,蒂姆和理察都認為,這名凶手要麼是一個非常熟悉迪金遜地區的人,要麼就是一個本地人。要知道,珍妮佛家距離45號州際公路只有約400公尺,這條道路是通往赫斯頓和加爾維斯敦的主幹道,而發現珍妮佛的地方則是迪金遜內部一個交通非常封閉的地方,這個地方只有一條路可以進出,所以不是非常熟悉這個地區的人是不可能選擇這裡作案的。理察認為,凶手至今沒能被抓到很可能是因為他已經逃離了這個地區,並且他還很有可能在其他地方被抓進監獄。

在整理所有證據的時候,理察發現了當時封存在加爾維斯敦警局的重要證物——帶有精斑的男士內褲。理察迅速將這件證物移交到聯邦調查局DNA檢驗中心,在這裡他們擁有最先進的DNA檢測技術。儘管掌握著如此重要的證據,但警方依然沒有掉以輕心,他們在等待證據鑑定結果的同時展開了新一輪的調查,而在這時他們也得到了FBI兒童綁架案快速行動小組的支援。

已經26歲的珍妮佛也開始參與此次案件的調查,她與警方溝通並盡可能地向警方提供凶手的作案細節,她想要在法庭上見到這名曾經傷害過自己的凶手,讓他知道當初選擇傷害自己這個只有8歲的女孩,是他人生中犯下的最大錯誤。FBI讓珍妮佛和素描畫師合作重新繪出了一幅強調年齡的凶手素描像。珍妮佛也參加了打擊犯罪類的電視節目,向全

第二十章　遲來的正義—追凶 20 年

國的觀眾講述她的故事，警方還發布了 1 萬美金的懸賞通告，他們希望有人能夠提供新的線索。

2009 年 9 月，聯邦調查局 DNA 實驗室從警方提交的男士內褲上提取到了一份基因資料，他們現在缺少的是與之相匹配的 DNA 資料。要知道在當時，美國官方不可能掌握所有人的 DNA 樣本。在這種情況下，FBI 只好先將這份 DNA 檔案與 DNA 資料庫中的相比較，他們希望那名凶手的 DNA 就在檔案庫中。

讓所有人吃驚的是，這次帶有賭博性質的比對竟然找到了基因匹配者。1997 年，這名 DNA 和檔案相符的男性在阿肯色州熱泉郡犯了綁架罪，正是因為這次犯罪，他的 DNA 才會被 FBI 收集到檔案庫中，這個人就是丹尼斯·厄爾·布拉福（Dennis Earl Bradford）。FBI 現在要做的就是，證明這個人就是在迪金遜傷害珍妮佛的凶手。

理察開始監視丹尼斯。如果只從外表上看，絕對不能把丹尼斯和一名罪犯連繫起來，他有著穩定的工作，有家庭和孩子，丹尼斯就像是一個顧家的上流社會公民。但丹尼斯在迪金遜有著一段並不光彩的紀錄，他在傷害珍妮佛的 3 年前曾因交通肇事而被法庭傳訊。

不久，警方找到了丹尼斯在迪金遜的住址，這個地方距離珍妮佛家很近，如果按直線距離來算的話，從丹尼斯家到珍妮佛家不到 200 公尺。警方還從交通部獲得了丹尼斯的駕照，照片上的男子和 20 年前警方公布的素描像十分相似，而丹尼斯從迪金遜搬往熱泉郡的時間就在珍妮佛被襲擊後的第 4 天。

搬到熱泉郡的丹尼斯並沒有改掉自己性幻想的毛病。1996 年，丹尼斯在酒店遇到了一名 35 歲的女性，他不斷邀請這名女性跟自己去喝一

杯,最開始這名女性是拒絕他的,但丹尼斯依然不依不饒地糾纏她,過了一段時間之後,這名女性答應了丹尼斯的要求。他們在酒吧關門之後決定一起去兜風,丹尼斯還答應要帶她去聽音樂會,這名女性就隨著丹尼斯上了他的車。

不久後,丹尼斯將車開進了一個廢棄的死巷,他在那裡攻擊了這名女性。他將這名女性拖到車外強姦了她,並且在強暴了她之後,用刀子在她的脖頸上割了一個比較淺的傷口。可能是覺得自己太仁慈,丹尼斯又將這名女性的腦袋按進一旁的溪水中,他試圖溺死這名女性,但不知道因為什麼停了下來。

丹尼斯放過了這名女性,他還替她整理了衣服,在做完這一切之後丹尼斯開車走了,但他的車牌號卻被這名女性記了下來。

丹尼斯在第二天被警方抓捕,在法庭的審訊中,陪審團無法確定丹尼斯是否強姦了這名女性,他們只以綁架傷害罪判處丹尼斯監禁12年。因為這次入獄,丹尼斯的DNA被警方採集到,並移交給聯邦調查局的DNA資料庫。

丹尼斯在服刑3年後,於2000年2月被保釋出獄。出獄之後,丹尼斯遷居到小岩郡,在這裡他開始了看似正常的生活,但他的正常生活馬上就會被FBI打破。FBI和小岩郡警方聯手制定了一個抓捕計畫,他們首先透過監視丹尼斯掌握了他的作息規律,在有足夠的把握之後,警方決定在丹尼斯上班的途中對他實施抓捕。

2009年10月13日,丹尼斯‧布拉福和妻子在上班的路上被警方抓捕,丹尼斯並不認為自己犯了什麼罪,所以他沒做任何反抗就被警方逮捕了。

第二十章　遲來的正義—追凶 20 年

2009 年 10 月 15 日，27 歲的珍妮佛·舒特在等待了將近 20 年之後，終於再次見到了當初那名自稱「警察」的凶手。丹尼斯被警方押解到德克薩斯州，在這裡他將面對 FBI 的審訊以及即將到來的庭審。珍妮佛在單向鏡外看到了被羈押在審訊室內的丹尼斯，她等待了近 20 年的正義終於來了，這真是珍妮佛生命中最美妙的一天。

丹尼斯被警方指控強姦少女以及謀殺未遂，如果罪名成立，那麼他的生命就會在獄中終結。在丹尼斯等待庭審的時候，理察對丹尼斯進行了審訊，他們問丹尼斯是否聽過珍妮佛·舒特這個名字，丹尼斯說他知道這個名字。在回答了這句話之後，丹尼斯向警方坦白了一切。丹尼斯對警方說珍妮佛是無辜的，而自己是一個病態、瘋癲、破爛的小流氓。

在陳述了這一切，並從警方口中得知珍妮佛還活著的時候，丹尼斯一度情緒崩潰，他掩面痛哭，但警方認為丹尼斯這樣做是想要博取同情，因為珍妮佛還活著的資訊曾經被很多報刊和電視都報導過，丹尼斯不可能不知道這件事情。

接下來，警方又從丹尼斯的口中得知了另一件讓人後怕的事情，丹尼斯在作案後的第二天曾試圖自殺，但他最終沒有動手。丹尼斯在自殺未果之後被送進了醫院，他和珍妮佛就住在同一樓層，因為當時丹尼斯已經刮了鬍子，所以護士並沒有認出丹尼斯。如果警方沒有在珍妮佛門外留下一名警察的話，那丹尼斯繼續殺害珍妮佛的可能性仍然很大。

珍妮佛等待著法庭的傳喚，她要在法庭上告訴丹尼斯，他的行為是怎樣改變了自己的生活，但她並沒有等到這一天的到來。2010 年 5 月 10 日，在丹尼斯被捕後的第 7 個月，加爾維斯敦監獄的獄警在監獄內發現了丹尼斯的屍體，他用撕開的被罩製作了一個簡易套索，他將自己吊死

了。丹尼斯竟然以這樣的方式結束了自己的生命，珍妮佛等待了20年，而正義竟然以這樣的方式來臨了，這讓珍妮佛有些難受。

珍妮佛決定開始新的旅程，她準備在世界各地演講自己的故事，她要用自己的行動感染那些分散在世界各地的其他被害人，她要用自己胸腔內那顆「勇敢的心」幫助其他人盡快從陰影中走出來，並開始屬於自己的新生活。

第二十章　遲來的正義—追凶20年

第二十一章　惡魔的陷阱
——「賊喊捉賊」的兒童綁架謀殺案

　　按照梅麗莎的供詞，桑德拉並沒有進入教堂（桑德拉當時在車上的行李箱中），而百葉窗上的繩索也與行李箱上的相同。

　　警方還從梅麗莎的電腦中找到了有關如何殺害桑德拉、如何棄屍、如何製造假證、如何轉移警方視線的文件。警方根據手中所掌握的證據還原了桑德拉失蹤前後的時間表。

第二十一章　惡魔的陷阱—「賊喊捉賊」的兒童綁架謀殺案

2009年3月27日下午，在加利福尼亞州雀西市的布魯克勒小鎮，人們正享受著仲春時分的美妙時光。8歲大的桑德拉·坎圖（Sandra Cantu）結束了當天的課程，正興高采烈地回家，她迫切地想要去做自己喜歡的事情。二年級的課程對於桑德拉來說還不算繁重，所以她在放學之後總顯得十分有精力。桑德拉有著活潑可愛的性格，她樂於幫助別人，這使得整個居民區的住戶都十分喜愛桑德拉。

這個社區中只居住了大約100人，每個人都認識桑德拉，桑德拉也可以輕鬆地在這些地方找到玩伴，或者去她想要去的地方。在這個社區，桑德拉是永遠都不會迷路的。如此純真甜美的女孩自然也十分受其他孩子們的喜愛，桑德拉從不會缺少玩伴，而其他孩子們也最願意與桑德拉玩耍。在這個小鎮中，桑德拉就像是所有人的孩子一樣，本該健康而又快樂地成長。

夜幕降臨，晚飯的時間馬上就要到了，孩子們都陸續回到自己的家，而桑德拉卻沒有按時回家，這讓她的母親瑪莉亞（Maria Chavez）有些擔心。時間又晚了一些，瑪莉亞有些等不及了，她決定打電話給女兒的朋友，問問桑德拉是否在那裡，可是桑德拉並沒有在她的朋友家。瑪莉亞大聲在社區內呼喊桑德拉的名字，但回應她的只有模糊的回聲和深沉的黑暗。瑪莉亞意識到桑德拉很可能遭遇了意外，她決定撥打911報警。

晚上8時，雀西警察局接到瑪莉亞的報案電話，她8歲的女兒桑德拉不見了。桑德拉在下午3時放學回家之後，對母親說她要去和一個女孩玩，隨後桑德拉就再也沒有消息。雀西警察局局長珍妮特·蒂森非常擔心桑德拉的現狀，她命令警探馬上出動尋找這名可能被綁架的女孩。要知道如果桑德拉被綁架，那不管是陌生人做的還是熟人做的，她都極

有可能在 3 個小時之後遭遇危險，被綁架的時間越長，她生還的可能就越小。

警探馬上整理出了關於桑德拉的已知資訊，桑德拉和她的母親、祖父母以及其他 3 位兄姐生活在一起，當天下午所有的家人都在家，所以沒有家人看到桑德拉到底去了哪裡玩。

整個過程只有一個目擊「證人」——桑德拉家安裝的監控鏡頭。在鏡頭記錄的畫面中，警方可以清楚地看到，一名身穿粉色 T 恤和黑色健身褲、背著包包的女孩在下午 4 點鐘的時候出現在監控畫面中，當時她又蹦又跳看起來很開心，在即將走出監控畫面的時候，警方注意到桑德拉曾向一側轉過臉龐，她好像在注視什麼，隨後她就消失了。這條線索讓警方確定了桑德拉失蹤的具體時間。此外，警方還發現桑德拉離異的父母曾因為孩子撫養費的問題起過爭執，是她的父親綁架了她嗎？警方很快就排除了他的嫌疑，桑德拉的父親在她失蹤的時候並不在雀西，他不在場的證據成立。

此時，距離桑德拉失蹤已經過去好幾個小時了，即便是仲春時分，晚上的氣溫也依然很低。這樣的環境就意味著桑德拉很可能會面臨著飢餓、低體溫症以及脫水等狀況，這讓人們越來越感到焦慮，雀西警局的所有工作人員不由得都將全部身心放在了這起兒童失蹤案上，即使他們還有其他工作要做。

黎明時分，志工發動了該社區的居民，他們在各個角落尋找桑德拉。警方出動了血跡搜索犬和帶有紅外線裝置的直升機來搜索社區內的各個角落。在尋人的同時，警方還需要對該社區的所有居民進行詢問，他們試圖從周圍商家或者住戶的口中得到有力的線索，但沒有人看到過桑德拉，也沒有任何車輛蹤跡或者已知嫌犯，桑德拉看起來就像是憑空消失了。

第二十一章　惡魔的陷阱—「賊喊捉賊」的兒童綁架謀殺案

　　雀西警局緊急發送了一份兒童走失的報告，這份報告引起了聯邦調查局兒童誘拐行動小組的警覺（該組織由領先世界的兒童誘拐專家組成，他們可以在4個小時之內接手國內任何地點發生的兒童走失案）。特務約瑟夫・布萊恩負責此案，在聯邦調查局的數據檔案中，失蹤如此之久的桑德拉有97%的可能已經遇害了，而約瑟夫要做的就是在剩餘的3%中找到桑德拉。

　　在聯邦調查局的調查中，他們很快意識到了尋找桑德拉的難度。桑德拉會與社區內的每一個人交談，她總會幫助社區內需要幫助的人，她就像是一名志工，有著燦爛的微笑，她可以在社區內的所有住戶家中做客，而且人們非常歡迎她的到來。也正是因為社區足夠小，社區內的每一個人都彼此熟悉，所以，家長才任由孩子們四處玩耍。

　　FBI最擔心的就是這些，每一個細節的變化都會導致整件事情發生變化。在社區附近設定路障和調查附近每一名居民成了警方的主要任務，否則他們將沒有任何可供使用的線索。查詢異常和搜尋線索就是他們現在要做的主要事情。

　　就在警方為毫無線索而苦惱的時候，一名鄰居傳了一封簡訊給桑德拉的母親。在簡訊中，這名鄰居稱自己放在車道上的一個黑色大行李箱被偷了，而這個箱子被偷的時間就在桑德拉失蹤的時間段內。桑德拉的母親在收到這封簡訊之後馬上將它交給FBI。

　　FBI非常關注這條線索，他們知道這名提供線索的鄰居家就住在205號高速公路旁，這條高速路是連通海港和其他市鎮的交通要道，每天都有大量的旅客從這裡經過。如果綁匪是在偶然的情況下將桑德拉綁走，那警方就可以從高速運輸上著手查詢新的線索。聯邦調查局的行為分析

專家們認為，綁架桑德拉的人很可能是該社區內的熟人，警方應該將主要的精力放在調查社區內的成年男性身上。

在專家們的建議下，特務們開始調查在過去兩年內曾經與桑德拉有過接觸的男性，這使得整個社區內的男性全在警方的盤查之列。沒有犯罪現場也是警方最頭痛的事情，這讓他們不得不費盡心思去找到任何有利於調查的資訊，他們需要從這些資訊中推測出綁匪的真實意圖。

根據 FBI 的內部推測，他們認為綁架桑德拉的人很可能是她的鄰居，或者是非常熟悉桑德拉的人，因為只有這些人是足夠了解她的，這樣才可以在桑德拉不掙扎反抗的情況下將她綁架。

2009 年 3 月 29 日，桑德拉·坎圖已經失蹤超過 36 個小時，聯邦調查局與雀西警局成立了應急行動中心，他們一共派遣了 65 名聯邦調查局特務和 26 名雀西警局的探員參與此次調查。特務們使用特殊的網路篩選技巧將警方掌握的所有資訊輸入進電腦中，他們想要篩選出有利於調查的新線索。警方的大規模搜索行動，也使得此次搜索成了加利福尼亞州規模最大的兩次搜索之一。

就在大家都毫無頭緒的時候，一名年長的搜索人員在垃圾掩埋場內找到一件粉色的女孩上衣，這件上衣看起來和桑德拉失蹤時所穿的很像。所有人在得知這個消息的一瞬間都停了下來，他們的內心不由得都被一隻無形的手揪緊了，人們等待著家屬的確認。桑德拉的家人們仔細分辨了這件粉色的上衣，他們發現這件衣服尺寸不對，不是桑德拉所有的。

在得到這一消息的時候，所有的搜查人員都鬆了一口氣，他們知道還有希望。血跡搜索犬隻能在有限的範圍內嗅到桑德拉的痕跡，當它帶

第二十一章　惡魔的陷阱—「賊喊捉賊」的兒童綁架謀殺案

著警方走到街道盡頭的時候，血跡犬隻能判斷桑德拉曾去了這條街邊的一個街角（就是監控影片中桑德拉望向的地方），到這裡之後，血跡犬也不能再嗅到桑德拉去了哪裡。

警方對社區內的性犯罪者和假釋人員做了重點調查（在 FBI 的檔案中，這種曾經犯過罪的人有著 20% 的機率再次犯罪），在這次調查中他們一共列舉了 3 位嫌疑人。第一位是在兩年前的一個池塘邊接觸過桑德拉的年長黑人，這名黑人曾經吻過桑德拉。他在和警方溝通的時候表現得非常坦誠，他不僅承認自己對幼女有性幻想，還表示自己對桑德拉沒有任何惡意。儘管這名黑人沒有任何犯罪紀錄，但警方依然將他定為嫌疑人之一。

第二位嫌疑人是一名在桑德拉失蹤當天來到該社區銷售冰淇淋的商販。這名商販在當天下午來到桑德拉居住的社區，並和桑德拉說了話，桑德拉也在他那裡購買了一根冰淇淋，而這名商販此前是沒有來過這裡的，雖然他在公園管理者的警告中離開了，但警方依然懷疑這名陌生的商人。

第三個懷疑對象是一對獨居的繼父子。警方在這兩名男人的手機中發現了一張桑德拉的照片，照片中桑德拉坐在一個男人的大腿上，她褲子上的第一個鈕扣被解開了。警方還在這對父子的電腦中找到了許多幼童的照片。這些照片讓警方相信，雖然這兩名男子並沒有過任何侵犯幼童的犯罪紀錄，但他們依然有足夠大的作案動機。

又一個夜晚到了，警方依然沒有取得有效的進展。社區內的人們都默默地集中在一起，他們點燃蠟燭為桑德拉祈禱。孩子們將自己最好的玩具和最漂亮的衣服都拿了出來，他們用這種特有的方式祈禱這個自己

喜歡的朋友能夠平安歸來。3月的夜晚非常寒冷，但沒有任何人願意提前離開，他們都默默地陪伴在桑德拉家人的身邊，靜靜地等待著。

整個祈禱安靜而又肅穆地進行著，而在這時一名非常驚恐的女子一邊尖叫一邊迅速衝進了祈禱現場，她一直衝到站在人群後面的警察身邊，向他們大聲報告了自己發現的一件讓人恐懼的事。警探們感到很驚訝，是什麼事情讓這名婦人如此恐懼？他們急忙跟著這名婦人趕到了現場——在一個信箱前草地上的顯眼處，丟著一張筆記本紙。

警探們在紙上看到了一封匿名信，他們被這封信的內容驚到了，信中寫著「坎圖就在偷來的行李箱中，箱子在水裡面，水在比奇格羅夫和白廳」。這封信的署名是目擊者。這些內容甚至讓警探忘記了發現這張紙的婦女就是那名曾向桑德拉母親提供線索的鄰居，他們也忽略了這名鄰居是如何在漆黑的夜晚發現這封信的，又是如何在沒有光照的情況下閱讀了信中的內容。

警探們迅速將這封信移交到了FBI實驗室。實驗室的研究人員卻發現了一些問題，他們發現這封信中的一些單字被故意寫錯了，寫信的人故意用這種蹩腳但有用的方法打亂自己的筆跡。最重要的是這封信真的是目擊者寫的嗎？是否是綁匪想要故意混淆警方的視線？

第二天凌晨，警方就趕往了信中提到的地方——比奇格羅夫和白廳。這裡有一個大水塘，這個水塘接通了一條河和一個乳牛場的排汙管道，乳牛場中排放的牛糞讓整個水塘成了一個沉澱池，大量的牛糞使得潛水夫無法高效地搜索這裡，這種環境甚至讓潛水夫不能做到有效的定位。沒人能確定桑德拉的屍體是不是在這個水塘中，他們只能一步步展開搜查。

第二十一章　惡魔的陷阱—「賊喊捉賊」的兒童綁架謀殺案

　　在搜查這個水塘的同時，FBI 的特務們也將懷疑的目光轉向了那名每次都能夠在關鍵時刻發現新線索的女鄰居 —— 梅麗莎・赫卡比（Melissa Huckaby）。警方先對梅麗莎進行了走訪詢問，她表現得十分配合。在和警方的談話中，梅麗莎還故意向警方透露，她丟失的那個行李箱大到可以輕鬆裝進一名孩子。

　　梅麗莎的女兒是桑德拉的好朋友之一，梅麗莎是一名單親媽媽，她一個人帶著孩子寄居在外祖父家中生活。梅麗莎一家人都是教徒，她的外祖父是附近一家教堂的牧師，而她則在社區小學內任教，這樣的身分背景使得沒有人會相信梅麗莎會綁架桑德拉，即便是桑德拉的家人，都不會相信梅麗莎會做出這樣的事情。

　　特務們並不這麼認為，梅麗莎儘管不在懷疑對象的名單中，但她幾次三番地闖入整個調查，甚至試圖參與案件的調查過程或者改變案件的調查方向，這讓警方很懷疑梅麗莎的動機。最重要的是，梅麗莎的不在場證據有些不太充分，她聲稱自己在桑德拉失蹤當天的下午 5 時，獨自一人待在教堂中準備週末講堂，而她證明自己的辦法就是，她曾在當天下午 5 時在教堂中打過一通電話給社區管理人員。

　　FBI 在通話紀錄中考核了這一情況，但他們依然決定搜查梅麗莎的車輛。特務在梅麗莎的車中發現了一張藍色便條紙，紙上寫了 3 個單字，但又被塗掉了。警方將這張便條紙移交 FBI 實驗室，實驗人員透過顏色校正、對比度以及陰影處理，分離出了這張便條紙上的首次書寫內容。這 3 個劃去的單字是比奇格羅夫、白廳和水。這 3 個單字和梅麗莎發現的那封匿名信中所提到的地點相同，警方懷疑應該是梅麗莎寫了這封信。

事急從權，警方決定在沒有搜查令的情況下搜查她的臥室。在梅麗莎凌亂的臥室中，警方再次發現了新的線索，他們在床頭櫃下面的格子中發現了一個缺頁的筆記本。組成這個筆記本的紙張和那封匿名信所使用的紙張完全相同。在經過特殊光線處理之後，警方從筆記本上殘留的痕跡中找到了和那封匿名信相同的字跡，這些證據讓警方確信梅麗莎就是寫這封信的人，但又是什麼原因使她寫這封信呢？

　　就在警方懷疑梅麗莎的時候，梅麗莎反而向警方指證一名可疑的鄰居。梅麗莎稱桑德拉曾在這名鄰居家玩，警方也將這名鄰居列入了懷疑對象名單中。現在FBI需要做的就是縮小嫌疑人的範圍，他們準備對嫌疑人使用測謊。3組嫌疑人都同意使用測謊，第一、二組嫌疑人透過了測謊，而且他們都有不在場的證明，第三組嫌疑人並沒有通過測謊，就在警方準備繼續盤問他們的時候，一條重大線索悄然降臨了。

　　有一名乳牛場的工人，在休息的時候偶然看到河堤旁的水中飄著一個黑色旅行箱，他沒有輕舉妄動，在和工友商議過後，這名工人決定報警。FBI特務迅速趕到現場，他們在經過仔細觀察後發現，這個行李箱的拉鍊被人用白色的細繩捆上了。

　　當特務們將這個行李箱撈起來的時候，他們發覺行李箱很重，這讓他們覺得有些不妙，他們決定不在現場開啟箱子。為了保護證據的完好，特務們迅速將行李箱送到屍檢部門。在這裡，驗屍官親自剪斷了細繩並將箱子開啟。

　　很不幸，出現在法醫的面前的是一名年輕女孩，她就像睡著的嬰兒一樣蜷縮在行李箱中。法醫透過她的齒痕和身上所穿的衣服證實，這名女孩就是失蹤已久的桑德拉‧坎圖。這一消息讓所有的人都感到很悲

第二十一章　惡魔的陷阱—「賊喊捉賊」的兒童綁架謀殺案

痛，探員們不敢相信這是真的，直到上一刻他們都寧願相信這位「小天使」依然活著，可是現在他們唯一能夠幫助桑德拉的事情就是，幫她抓到凶手並將凶手繩之以法。

沒多久，法醫便整理出了一份詳細的屍檢報告，法醫在桑德拉的體內發現了苯二氮類的藥物（強效迷藥），桑德拉的體表沒有明顯的傷痕，但法醫明確表示她曾受到性侵，並判斷凶手性侵桑德拉所使用的物體是一件異物。桑德拉的衣物完好地穿在她的身上，這說明凶手在殺死她之後曾整理過她的遺體。警方據此推斷凶手應該十分熟悉桑德拉，在殺死桑德拉之後，她的內心中曾產生了愧疚，因此她整理了桑德拉的遺體，她不想桑德拉死得過於難看。

桑德拉的死讓所有工作人員心中都充斥著一股怒氣，這股怒氣將會轉變成為一種動力。此時，梅麗莎已經成了警方的首要懷疑對象，屍體是在匿名信上提到的地方發現的，這封信又是梅麗莎所寫的，而那個黑色行李箱也是梅麗莎的（自稱被人偷走了），這些證據無不間接指證了梅麗莎。

警方決定對梅麗莎進行測謊，可是就在他們傳喚梅麗莎的時候，梅麗莎竟然因吞嚥刀片而被送進醫院接受治療。在梅麗莎看來，這可能是逃避警方的一種方法，而對警方來說，這也是他們收集其他不利於梅麗莎證據的最佳時機。警方走訪詢問了梅麗莎的家人，從梅麗莎家人的口中得知了她曾經的黑暗經歷。

3個月前，梅麗莎曾在百貨公司有偷竊行為，而另一名家長則指控梅麗莎在未經自己允許的情況下帶走她的女兒，並對她女兒下藥。她的女兒在回家之後出現了暈眩、嘔吐、昏倒等症狀，在醫院中，醫生發現

這名女孩的血液中含有苯二氮類藥物。梅麗莎否認了這項指控，而這項指控也因為證據不足沒能生效。在兩年前，尚居住在加利福尼亞州帕爾馬的梅麗莎曾參與兩次縱火，但這兩次縱火都因證據不足而作罷。醫生認為梅麗莎的精神有問題，她有思覺失調症而且經常鬱悶煩躁，她需要用藥物來使自己獲得精神穩定。

顯然，這一次命運之神並不想偏袒梅麗莎。就在警方收集證據的時候，一名住在白廳路旁的住戶指認，自己曾看到梅麗莎在桑德拉失蹤後的傍晚時分來過這裡。因為當時這名目擊者要和妻子去一家餐廳吃飯，所以他們記得當時的時間。據目擊者稱，當時梅麗莎將一輛福特 T 型小汽車停靠在水塘邊，在目擊者觀察這輛車的時候，梅麗莎從水塘後邊走了過來，他們之間還曾有過交談。

在掌握了這些間接證據之後，警方搜查了梅麗莎外祖父的教堂。一名探員在教堂內週日講堂旁的百葉窗邊發現了一根與綁在行李箱上完全相同的繩子。另一名探員在教堂後面的廚房中發現了一根一端彎曲、頂端帶有紅色汙跡的擀麵棍。警方決定將這兩樣物品帶走，送到 FBI 實驗室化驗取證。警方現在要做的就是一邊監視梅麗莎，一邊等待實驗室的化驗結果。

在住院 5 天之後，梅麗莎出院回家了，她的家此時已經成了一個空家，她的女兒和外祖父已經搬走了。梅麗莎獨自居住在家中，警方在梅麗莎不知情的情況下監聽了她的電話。可能是認為自己已經逃離了警方視線，梅麗莎在回家後的第二天便打電話給桑德拉的姐姐，邀請她來自己的家中與她的女兒玩（她女兒已經悄悄搬走）。

2009 年 4 月 10 日，殺人嫌犯梅麗莎邀請被害人的姐姐來家裡玩，而

第二十一章　惡魔的陷阱—「賊喊捉賊」的兒童綁架謀殺案

此時桑德拉的家人並不知道梅麗莎就是殺害他們女兒的凶手，他們同意大女兒去梅麗莎家玩。警方在得到這一消息的時候馬上派遣探員鮑比趕往梅麗莎家，他希望最壞的事情還沒有發生。不久，鮑比便敲開了梅麗莎家的門，她的屋內確實有一名小女孩，但是這名女孩並不是桑德拉的姐姐。鮑比說服了梅麗莎，讓她隨自己回到警局例行一次「常規」詢問。

在審訊中，鮑比指責梅麗莎偽造有關行李箱的留言條，警方向梅麗莎展示了手中所掌握的證據，但梅麗莎否認這些指控。在經過 5 個小時的天人交戰之後，梅麗莎崩潰了，她哭泣著向警方稱這只是一個意外，她聲稱自己沒有殺死桑德拉，但她卻死了。

梅麗莎對警方撒謊稱桑德拉的死是因為她與自己女兒所進行的一場捉迷藏遊戲。她說桑德拉在她不知情的情況下藏在了行李箱中，她將行李箱帶到教堂，等她工作結束的時候桑德拉已經死了。梅麗莎稱自己曾對桑德拉做了心肺復甦，但這並沒有喚醒桑德拉，於是她就將桑德拉裝進箱子並丟進了距離社區 4 公里外的水塘中。儘管梅麗莎否認自己曾性侵桑德拉，但她的供詞足夠警方以謀殺罪逮捕她。就在梅麗莎被捕的同時，FBI 的檢驗報告出來了，他們從那根彎曲的擀麵棍上面找到了桑德拉的 DNA。按照梅麗莎的供詞，桑德拉並沒有進入教堂（桑德拉當時在車上的行李箱中），而百葉窗上的繩索也與行李箱上的相同。

警方還從梅麗莎的電腦中找到了有關如何殺害桑德拉、如何棄屍、如何製造假證、如何轉移警方視線的檔。警方根據手中所掌握的證據還原了桑德拉失蹤前後的時間表。

下午 4 時，桑德拉走出監控，梅麗莎將桑德拉叫到自己身邊，並用願不願意和她一起布置教堂為由，將桑德拉騙進了她的汽車。梅麗莎還

在桑德拉上車的時候開啟後車廂，放上了一個黑色行李箱。8分鐘後，梅麗莎的車子駛過監控區域。

在將桑德拉帶進教堂之後，梅麗莎讓桑德拉服用了一杯含有苯二氮藥物的飲料。桑德拉在不知情的情況下喝了飲料並昏迷，梅麗莎在確認桑德拉昏迷之後，於5時左右向社區管理人員打電話稱自己丟失了一個黑色行李箱。這樣既可以證明自己不在場，又可以在屍體被警方發現之後撇清自己的關係。

做完這一切後，梅麗莎侵犯了桑德拉並將她裝進行李箱內，隨後開車去水塘棄屍。下午6時左右，目擊者看到梅麗莎出現在水塘附近（已經棄屍返回）。根據警方的推測，在桑德拉的母親報案之前，桑德拉就已經被梅麗莎殺死了。

2010年5月10日，警方以綁架並謀殺桑德拉·坎圖的罪名起訴了梅麗莎。在如山的鐵證面前，梅麗莎·赫卡比承認了自己的罪行，但她堅稱自己不是故意的。儘管關於投毒和性侵的指控被法院撤銷了，但法院依舊判處梅麗莎·赫卡比死刑。

在FBI的檔案中，所有的女童殺手中，只有不到10%的可能是女性。而性侵則很可能是因為情緒的發洩，這種情緒多為憤怒、嫉妒或者報復，梅麗莎產生這些情緒的原因極可能是因為善良天真的桑德拉已經取代了梅麗莎在她女兒心目中的位置，梅麗莎因為妒忌從而殺害了桑德拉。

拒絕遲來的正義，FBI 與罪犯的智商較量：

德州七惡越獄、林白小鷹綁架案、辛普森殺妻⋯⋯美國史上最複雜的凶案，跟著特警抽絲剝繭查找真相！

編　　著：	許大鵬，京師心智
責任編輯：	高惠娟
發 行 人：	黃振庭
出 版 者：	樂律文化事業有限公司
發 行 者：	崧博出版事業有限公司
E - m a i l：	sonbookservice@gmail.com
粉 絲 頁：	https://www.facebook.com/sonbookss/
網　　址：	https://sonbook.net/
地　　址：	台北市中正區重慶南路一段 61 號 8 樓 8F., No.61, Sec. 1, Chongqing S. Rd., Zhongzheng Dist., Taipei City 100, Taiwan
電　　話：	(02)2370-3310
傳　　真：	(02)2388-1990
律師顧問：	廣華律師事務所 張珮琦律師
定　　價：	350 元
發行日期：	2024 年 09 月第一版

◎本書以 POD 印製

Design Assets from Freepik.com

國家圖書館出版品預行編目資料

拒絕遲來的正義，FBI 與罪犯的智商較量：德州七惡越獄、林白小鷹綁架案、辛普森殺妻⋯⋯美國史上最複雜的凶案，跟著特警抽絲剝繭查找真相！ / 許大鵬，京師心智 編著 . -- 第一版 . -- 臺北市：樂律文化事業有限公司 , 2024.09
面；　公分
POD 版
ISBN 978-626-7552-17-9(平裝)
1.CST: 犯罪心理學 2.CST: 通俗作品
548.52　113012070

電子書購買

爽讀 APP　　臉書